AUTORES:

JOSÉ MARÍA CAÑIZARES MÁRQUEZ
CARMEN CARBONERO CELIS

COLECCIÓN OPOSICIONES MAGISTERIO: EDUCACIÓN FÍSICA

EL APRENDIZAJE MOTOR:
PRINCIPALES MODELOS EXPLICATIVOS DEL APRENDIZAJE MOTOR. EL PROCESO DE ENSEÑANZA Y DE APRENDIZAJE MOTOR. MECANISMOS Y FACTORES QUE INTERVIENEN..
(VOLUMEN 8)

WANCEULEN
EDITORIAL DEPORTIVA

COLECCIÓN OPOSICIONES MAGISTERIO: EDUCACIÓN FÍSICA

VOLUMEN 8.
EL APRENDIZAJE MOTOR. PRINCIPALES MODELOS EXPLICATIVOS DEL APRENDIZAJE MOTOR. EL PROCESO DE ENSEÑANZA Y DE APRENDIZAJE MOTOR. MECANISMOS Y FACTORES QUE INTERVIENEN.

AUTORES

<u>José Mª Cañizares Márquez</u>

- Catedrático de Educación Física
- Tutor del Módulo del Practicum del Master de Secundaria
- Especialista en preparación de opositores
- Autor de numerosas obras sobre Educación y Preparación Física

<u>Carmen Carbonero Celis</u>

- D. E. A. en Instituciones Educativas
- Licenciada en Pedagogía
- Maestra de Primaria y Secundaria en centros de Educación Compensatoria
- Didacta presencial del Módulo de Pedagogía General en el CAP
- Profesora de Pedagogía Terapéutica en Centro Educación Primaria

Título: APRENDIZAJE MOTOR. PRINCIPALES MODELOS EXPLICATIVOS DEL APRENDIZAJE MOTOR. EL PROCESO DE ENSEÑANZA Y DE APRENDIZAJE MOTOR. MECANISMOS Y FACTORES QUE INTERVIENEN.

Autores: José Mª Cañizares Márquez y Carmen Carbonero Celis

Editorial: WANCEULEN EDITORIAL DEPORTIVA, S.L.

C/ Cristo del Desamparo y Abandono, 56   41006 SEVILLA

Dirección web: www.wanceulen.com

I.S.B.N.: 978-84-9993-479-2

Dep. Legal:

© **Copyright:** WANCEULEN EDITORIAL DEPORTIVA, S.L.

Primera Edición: Año 2016

Impreso en España:

Reservados todos los derechos. Queda prohibido reproducir, almacenar en sistemas de recuperación de la información y transmitir parte alguna de esta publicación, cualquiera que sea el medio empleado (electrónico, mecánico, fotocopia, impresión, grabación, etc), sin el permiso de los titulares de los derechos de propiedad intelectual. Cualquier forma de reproducción, distribución, comunicación pública o transformación de esta obra solo puede ser realizada con la autorización de sus titulares, salvo excepción prevista por la ley. Diríjase a CEDRO (Centro Español de Derechos Reprográficos, www.cedro.org) si necesita fotocopiar o escanear algún fragmento de esta obra.

ÍNDICE

Presentación de la Colección.

Introducción

1. ASPECTOS COMUNES A TENER EN CUENTA EN EL EXAMEN ESCRITO.

    1.1. Criterios de corrección y evaluación que siguen los tribunales.
    1.2. Consejos sobre cómo estudiar los temas. Estrategias.
    1.3. Recomendaciones para la realización del examen escrito. Estrategias.
    1.4. Modelo estandarizado de presentación de examen escrito.
    1.5. Partes estándares a todos los temas.

2. APRENDIZAJE MOTOR. PRINCIPALES MODELOS EXPLICATIVOS DEL APRENDIZAJE MOTOR. EL PROCESO DE ENSEÑANZA Y DE APRENDIZAJE MOTOR. MECANISMOS Y FACTORES QUE INTERVIENEN.

COLECCIÓN OPOSICIONES DE MAGISTERIO.
ESPECIALIDAD DE EDUCACIÓN FÍSICA

PRESENTACIÓN DE LA COLECCIÓN

Los autores, con muchos años de experiencia en la preparación de oposiciones, hemos plasmado en esta Colección multitud de argumentos y detalles con la finalidad de que cada persona interesada en acceder a la función pública conozca minuciosamente todos los pormenores de la preparación.

La Colección está compuesta por una treintena de volúmenes, de los que veinticinco están dedicados a otros tantos capítulos del temario, y los cinco restantes a cómo hacer y exponer oralmente la programación didáctica y las UU. DD., así como a resolver el examen práctico escrito.

Los destinados a los temas llevan incorporados unos aspectos comunes previos sobre cómo hay que estudiarlos y consejos acerca de cómo realizar el ejercicio escrito.

Los aplicados al examen oral: defensa de la programación y exposición de las U.D.I., también llevan un capítulo referente a cómo es mejor hacer la expresión verbal, el mensaje expresivo, el esquema en la pizarra, etc.

Es decir, los autores no nos hemos ceñido a publicar un temario para las dos pruebas escritas (tema y casos prácticos) y las dos orales (programación y unidades). Hemos querido hacer partícipe de las técnicas que hemos seguido estos años y que tan buen resultado nos han dado, sobre todo a quienes sacaron plaza merced a su propio esfuerzo. No obstante, debemos destacar un aspecto capital: ratio del tribunal, es decir, ¿con cuántos opositores me tengo que "pelear" para conseguir la plaza?

Ya podemos ir perfectamente preparados, que si un tribunal tiene dos plazas para dar y hay diez opositores con un diez... la suerte de tener una décima más o menos en la fase de concurso nos dará o quitará la plaza.

Por otro lado, es conocido que desde hace año en España tenemos diecisiete "leyes de educación", es decir, una por autonomía, además de la que es común para todos y que, como las autonómicas, depende del partido político que gobierne en ese momento. No podemos obviar que la Educación y todo lo que le rodea -incluidos opositores- es un aspecto más de la política, si bien entendemos debería ser justo lo contrario. La formación de nuestros hijos no debe estar en función de unas siglas de unos partidos políticos, porque cuando uno consigue el poder, elimina por sistema lo hecho por el anterior, esté mejor o peor. Ejemplos, por desgracia, hay muchos desde la LOGSE/1990. Así pues, abogamos por un Pacto Educativo que incluya, lógicamente, a opositores y al Sistema de Acceso a la Docencia.

Esto trae consigo que, forzosamente, debamos basarnos en una línea de elementos legislativos. En nuestro caso, además de la nacional, nos remitimos a la de Andalucía. Por ello, las personas opositoras que nos lean deberán adecuar las citas legislativas autonómicas que hagamos a las de la comunidad/es donde acuda a presentarse a las oposiciones docentes.

Para cualquier información corta, los autores estamos a disposición de las personas lectoras en:
oposicionedfisica@gmail.com

INTRODUCCIÓN

Este volumen tiene dos partes claramente diferenciadas:

a) Por un lado tratamos diversos aspectos comunes a todos los temas escritos. Es decir, nos centramos en cómo hay que estudiarlos a partir de los propios criterios de valoración del examen que indica la Consejería de Educación de la Junta de Andalucía, y que suelen ser similares a los de otras autonomías. También incluimos los criterios de otras comunidades, pero no de todas porque se nos haría interminable.

Esta parte también incluye una serie de consejos acerca de cómo estudiar los temas, cuestión que no es baladí porque el opositor está muy limitado por el tiempo disponible para realizarlo.

Esto nos lleva a siguiente punto, el "perfil" de cada opositor, su capacidad grafomotriz muy a tener en cuenta para que en el tiempo dado seamos capaces de tratar el tema elegido con una estructura adecuada a los criterios de evaluación que el tribunal va a usar en la corrección.

Es muy corriente el comentario de "mientras más sepas, más nota sacas y más posibilidades de obtener plaza tienes". Esto trae consigo, en muchas ocasiones, que el opositor se encuentre con "montañas de papeles" sin estructurar, sin saber si un documento reitera lo de otro, sin dominar la capacidad de síntesis ante tanto volumen de definiciones, clasificaciones, teorías, opiniones, etc.

La realidad es muy distinta. El opositor debe llevar preparado al menos veinticuatro documentos (para tener el 100% de que le va a salir en el sorteo un tema estudiado concienzudamente), con la información muy exacta de lo que le da tiempo a escribir correctamente desde todos los puntos: científico, legislativo, autores, estructura del propio examen, sintaxis, ortografía, etc.

Muchas veces nos han preguntado por el conocimiento de los tribunales, si están al día, etc. Nuestra respuesta ha sido siempre la misma: "sabrán más o menos de cada uno de los veinticinco temas, lo leerán con más o menos detenimiento, pero seguro que lo que más saben es corregir escritos porque lo hacen a diario en sus aulas, de ahí que debamos prestar la máxima atención a estos aspectos formales". Para ello añadimos al final una hoja-tipo.

Completamos este primer capítulo con una tabla de planificación semanal que debemos hacer desde un principio para "obligarnos" y seguirla con disciplina espartana, si de verdad queremos tener éxito.

b) Por otro, el Tema 8 totalmente actualizado a fecha de hoy. La persona opositora debe, una vez conozca el volumen de contenidos que es capaz de escribir, hacer un resumen equitativo de cada punto y "cuadrarlo" a su capacidad grafomotriz. A partir de aquí, a estudiarlo… pero escribiéndolo ya que la nota nos la van a poner por lo que escribamos y cómo expresemos esos contenidos. Pero, si en la comunidad donde nos examinemos, el escrito hay que leerlo al tribunal, de nuevo lo haremos, cuanto antes mejor, para ensayar la lectura y que determinadas palabras no se nos "atraganten".

CRITERIOS DE CORRECCIÓN Y EVALUACIÓN QUE SIGUEN LOS TRIBUNALES

Consideramos imprescindible saber **previamente** cómo nos va a evaluar el Tribunal para realizar el examen con respecto a los ítem que va a tener en cuenta. Aportamos varios **modelos** que han transcendido y que, básicamente, se diferencian en la **formulación** de las consideraciones y en su valoración, no en el **fondo**.

CRITERIOS DE EVALUACIÓN EN ANDALUCÍA.

La Consejería de Educación de la Junta de Andalucía informa a los sindicatos, en mayo de 2007, sobre un "borrador" de criterios de evaluación para el "Concurso Oposición al Cuerpo de Maestros 2007". Posteriormente, como pudimos comprobar esa convocatoria y las siguientes, estos criterios se hicieron "firmes".

Transcribimos literalmente los cinco puntos a considerar sobre el tema escrito:

CRITERIOS GENERALES TEMA ESCRITO

Estructura del tema.

- a) Presenta un índice.
- b) Justifica la importancia del tema.
- c) Hace una introducción del mismo.
- d) Expone sus repercusiones en el currículum y en el sistema educativo.
- e) Elabora una conclusión acorde con el planteamiento del tema.

Contenidos específicos.

- a) Adapta los contenidos al tema.
- b) Secuencia de manera lógica y clara sus apartados.
- c) Argumenta los contenidos.
- d) Profundiza en los mismos.
- e) Hace referencia al contexto escolar.

Expresión.

- a) Muestra fluidez en la redacción.
- b) Hace un uso correcto del lenguaje, con una buena construcción semántica.
- c) Emplea de forma adecuada el lenguaje técnico.

Presentación.

- a) Presenta el escrito con limpieza y claridad.
- b) Utiliza un formato adecuado teniendo en cuenta el apartado 4 del artículo 7.4.1. de la Orden de 24 de marzo de 2007, BOJA nº 60 del 26/03/2007.
  Nota: Se refiere a aspectos formales tales como no firmar el examen, entregarlo en un sobre con etiquetas, etc.

Bibliografía/Documentación.

- a) Fundamenta los contenidos con autores o bibliografía.
- b) Sitúa el tema en el marco legislativo pertinente.

La Consejería de Educación de la Junta de Andalucía informa a los sindicatos, en **junio de 2015**, sobre los criterios de evaluación para el "Concurso Oposición al Cuerpo de Maestros 2015". Transcribimos literalmente los cuatro puntos a considerar sobre el tema escrito:

**CRITERIOS GENERALES A TENER EN CUENTA
EN LA CORRECCIÓN DEL TEMA ESCRITO (JUNIO 2015).**

1. Estructura del tema.

   a) Secuencia de manera lógica y clara cada uno de los apartados del tema
   b) Expone con claridad

2. Contenidos.

   a) Argumenta y justifica científicamente los contenidos
   b) Conoce y tarta con profundidad el tema
   c) Realiza una transposición didáctica de la teoría expuesta a la práctica
   d) Fundamenta los contenidos con autores y bibliografía que realmente hagan referencia al contenido en cuestión, así como a la normativa vigente

3. Expresión.

   a) Redacta con fluidez
   b) Usa correctamente el lenguaje y presenta una adecuada construcción sintáctica
   c) Usa con propiedad el lenguaje técnico específico de la especialidad
   d) No se aprecian divagaciones, reiteraciones, etc.

4. Presentación.

   a) El ejercicio es legible: no hay que estar deduciendo qué quiere decir ni traduciendo el texto
   b) Se observa limpieza y claridad en el ejercicio
   c) Usa un formato adecuado

CRITERIOS GENERALES A TENER EN CUENTA EN LA CORRECCIÓN DEL TEMA ESCRITO
(Comunidad de Castilla-La Mancha)

Los criterios de evaluación del tema escrito (Comunidad de Castilla-La Mancha), que tuvieron los tribunales en cuenta en la convocatoria de 2007 y que fueron establecidos por la Comisión de Selección de la Especialidad de Educación Física, son:

CRITERIOS PARA EVALUAR EL TEMA ESCRITO. PARTE "A"	Puntuación
1.- Introducción, justificación, índice y mapa conceptual.	(MÁXIMO 1,5 puntos)
2.- Contenidos específicos	
2.1.-Trata todos los epígrafes del tema. 2.2.- Adecuación de los contenidos al tema. Los contenidos se ajustan al tema. 2.3.- Profundización de los mismos. 2.4.- Organización lógica y clara en cada punto. Atendiendo al índice. 2.5.- Argumentación de los contenidos. 2.6.- Referencia al contexto escolar. 2.7.-Relaciona con otros temas del currículum. 2.8.- Originalidad y creatividad en el tema.	(MÁXIMO 6,5 puntos)
3.-Bibliografía	
3.1.- Bibliografía específica del tema. Cita autores y hace referencias bibliográficas. 3.2.- Aspectos legislativos. Hace referencia a la legislación nacional y autonómica.	(MÁXIMO 0,75 puntos)
4.- Conclusión y valoración personal	(MÁXIMO 0,75 puntos)
5.- Aspectos formales. Presentación, estructura, organización, uso de vocabulario técnico.	(MÁXIMO 0,5 puntos)
6.- Errores	
a. Divagaciones b. Faltas de ortografía c. Errores garrafales	SE VALORARÁ NEGATIVAMENTE POR PARTE DEL TRIBUNAL
Total	10 Puntos.

OTROS CRITERIOS GENERALES A TENER EN CUENTA EN LA CORRECCIÓN DEL TEMA ESCRITO

Otros tribunales siguieron unos criterios de evaluación del examen escrito como los que ahora reflejamos:

		CRITERIOS PARA EVALUAR EL TEMA ESCRITO	
1		Introducción, índice y mapa conceptual	Máximo 1 punto
2		Nivel de contenidos	Máximo 5 puntos
	2.1.	Trata todos los epígrafes del tema	
	2.2.	Los contenidos se ajustan al temario	
	2.3.	Relaciona con otros temas del curriculum	
	2.4.	Hace referencia a la legislación nacional y autonómica	
	2.5.	Cita autores y/o referencias bibliográficas	
3		Aspectos formales: presentación, estructura, organización, vocabulario y ortografía	Máximo 3 puntos
4		Conclusión, valoración personal y bibliografía	Máximo 1 punto

Esta tabla tuvo su origen en la Convocatoria de Castilla La Mancha hace unos años. Sus criterios siguen vigentes.

Cuadro resumen de los Criterios de Evaluación	Temas A

1.- Contenidos específicos
  a. Adecuación de los contenidos al tema.
  b. Profundización de los mismos.
  c. Organización lógica y clara en cada punto (Índice).
  d. Argumentación de los contenidos.
  e. Referencia al contexto escolar.
  f. Originalidad y creatividad en el tema.
	2,75 puntos

2.- Introducción y conclusión
  a. Justificación de la importancia del tema.
  b. Repercusiones en nuestra área y en el Sistema Educativo.
  c. Buena introducción del tema.
  d. Conclusión.
	0,5 puntos

3.- Expresión
  a. Fluidez del discurso.
  b. Buena redacción, sin errores sintácticos, redundancias...
  c. Uso del lenguaje técnico.
	1 puntos

4.- Presentación
  a. Limpieza y claridad.
  b. Formato con variedad de recursos (gráficos, sangrías, diferenciación entre títulos, subtítulos, contenidos, esquema, etc.)
	0,5 puntos

5.-Bibliografía
  a. Bibliografía específica del tema.
  b. Aspectos legislativos.
	0,25 puntos

Penalizaciones
  a. Divagaciones
  b. Faltas de ortografía
  c. Errores garrafales
	A restar según criterio del propio tribunal

Totales	5 Ptos.

En **2013**, la Convocatoria de Primaria en **Castilla-La Mancha** incluían estos **criterios**:

PARTE 1B *DESARROLLO DE UN TEMA DE LA ESPECIALIDAD*	PESO ESPECÍFICO
1. Estructurar el tema de forma coherente, secuenciada, justificada y equitativa con todos los apartados.	25%
2. En relación a los contenidos desarrollados, responder al tema planteado, adaptándose al currículum, con aportaciones teórico-prácticas, siendo funcional para la práctica docente.	40%
3. Ser original y creativo en el desarrollo del tema, estableciendo conexiones con otros contenidos del currículum, con aportaciones personales fundamentadas que revelan la creación propia e inédita del mismo.	15%
4. El tema será afín a unas bases teóricas, a una fundamentación científica de la que parte el currículum, al tiempo que aporta ideas nuevas.	5%
5. Mostrar una lectura fluida y comprensible, con una actitud transmisora y un desarrollo expositivo que se ciñan al tema.	15%

En la Convocatoria de **Secundaria** de **Andalucía** de **2016**, los criterios o "indicadores" a tener en cuenta por los tribunales para el examen escrito, son:

INDICADORES

- ESTRUCTURA DEL TEMA:

   - Índice (adecuado al título del tema y bien estructurado y secuenciado).
   - Introducción (justificación e importancia del tema).
   - Desarrollo de todos los apartados recogidos en el título e índice.
   - Conclusión (síntesis, donde se relacionan todos los apartados del tema).
   - Bibliografía (cita fuentes diversas, actualizadas y fidedignas).

- EXPRESIÓN Y PRESENTACIÓN:

   - Fluidez en redacción, adecuada expresión escrita: ortografía y gramática.
   - Riqueza y corrección léxica y gramatical (IDIOMAS).
   - Limpieza y claridad.

- CONTENIDOS ESPECÍFICOS DEL TEMA:

   - Nivel de profundización y actualización de los contenidos.
   - Valoración o juicio crítico y fundamentado de los contenidos.
   - Ilustra los contenidos con ejemplos, esquemas, gráficos…
   - Secuencia lógica y ordenada.
   - Uso correcto y actualizado del lenguaje técnico.

CONSEJOS SOBRE CÓMO ESTUDIAR LOS TEMAS. ESTRATEGIAS.

Exponemos una serie de consejos que solemos dar a nuestros opositores:

- Cada uno tiene un "método" que ha experimentado durante su vida de estudiante, sobre todo a nivel universitario, de ahí que nuestra influencia sea relativa. No obstante, muchos nos reconocen que *"nunca hemos estudiado en profundidad hasta comenzar a prepararnos las oposiciones"*.

- Reconocemos que hay **múltiples** formas de estudio. Hemos tenido opositores que necesitaban estar tumbados, otros sentados y en total silencio, otros tenían que tener forzosamente una tenue música de fondo, etc. Es decir, existen muchas maneras con más o menos **dependencia/independencia** de **campo**.

- Unos precisan **luz** natural, otros luz blanca o azul, con flexo cercano o con la de la lámpara del techo…

- Hay quien prefiere estudiar a base de **resúmenes** hechos en un procesador de textos y otros, en cambio, tenían que estar a mano.

- Muchos prefieren **grabar** verbalmente los contenidos para reproducirlos cuando viaja, corre, nada o anda y así aprovechar estos "tiempos muertos".

- Otros requieren **gráficos** y mapas conceptuales. Incluso, hemos tenido los que preferían hacer un póster-esquema y colgarlo a la pared para leerlo de pie…

- Otro grupo lo conforman aquellos que prefieren subrayar o señalar los puntos clave con rotulador marcador tipo fluorescente, otros a lápiz… Eso sí, lo señalado debe tener encadenamiento o cohesión interna para verterlo, ya redactado, en el examen, de ahí que **debamos estudiar escribiendo**, porque el examen escrito trata de ello.

- Debemos usar bolígrafos de gel por ser más rápidos en su trazo y papel tamaño A4, que es el que nos van a proporcionar el día del examen. Ojo a los tipos de **bolígrafos permitidos** por los tribunales, debemos estar muy atentos a lo que nos dicen el día de la **presentación**. Independientemente de ello, debemos acostumbrarnos a poner el folio directamente sobre la superficie dura de la mesa, ya que así la velocidad de escritura es superior que si lo situamos encima de otros folios porque éstos hacen que el espacio de apoyo nos frene por ser más blando. Un **reloj** para controlarnos los tiempos es imprescindible también.

- En cualquier caso, no sería bueno estudiar más de dos horas seguidas, sobre todo si estamos sentados. Ello, normalmente, acarrea contracturas dorso-lumbares, en los miembros inferiores, etc. con el consiguiente dolor y molestia. Lo mismo podemos decir a nivel de nuestra visión.

- Realizar **actividad física o deportiva** varias veces a la semana es muy aconsejable por simple razón de compensación y revitalización personal.

- Es bueno, pues, cada dos horas aproximadamente, hacer un **alto horario** de 8-10 minutos para despejarnos mentalmente y estirarnos físicamente. Beber **agua** y la ingesta de **fruta** suele ser positivo. Esto es extensible al día del examen de la oposición.

- No obstante, si la convocatoria nos dice que el escrito durará más de este tiempo, debemos paulatinamente aumentar las dos horas hasta llegar al **tope** marcado.

- Siempre recomendamos realizar una **planificación** semanal personalizada, que regule nuestro **tiempo** destinado al estudio (avance y repaso de los temas del escrito, casos prácticos, exposición oral), al trabajo, deporte, ocio, obligaciones familiares, etc. Ver tabla/ejemplo en la página siguiente.

- **¿Cuánto tiempo dedicar al estudio?** No podemos dar "recetas" pues depende del nivel previo de cada opositor. Hay quien trae excelentes aprendizajes previos de la carrera y hay quien ese nivel lo trae demasiado básico. Otros ya tienen experiencias en oposiciones, etc. Así pues cada uno debe auto regularse en función de sus capacidades y sus circunstancias personales. Genéricamente podemos indicar que, al menos, 4-6 horas/día divididas por un descanso de 10-15 minutos puede ser un estándar adecuado. A partir de ahí, personalizar en función del avance o no obtenido.

- Siempre debemos tener un "**molde personal**" en función de la capacidad grafomotriz, habida cuenta el **ahorro** de tiempo y energía que nos supone seguir esta estrategia.

- De cualquier forma, debemos respetar el dicho popular "*lo que no se recuerda, no se sabe*", de ahí **memorizar comprensivamente** lo más significativo.

- La **memoria**, al igual que ocurre con la condición física, se mejora ejercitándola con frecuencia.

- Tan importante es memorizar un tema nuevo como no olvidar los ya aprendidos, por lo que es necesario **consolidar**, repasando, lo estudiado. Comprobar que dominamos temas anteriores mejora nuestra capacidad de auto concepto.

- De ahí la importancia de estudiar teniendo delante nuestro **resumen personalizado** y olvidarnos de aumentar los contenidos del tema porque, además de crearnos inquietudes, posiblemente no podamos reflejar todo lo que sabemos en el tiempo que tenemos de examen.

Mostramos en el siguiente **gráfico** un claro y rápido ejemplo de cómo auto planificarse el estudio durante la semana a partir de tres **módulos** diarios:

EJEMPLO DE PLANIFICACIÓN SEMANAL-TIPO
Combinación de estudio-repaso-programación-UU.DD.-prácticos-trabajo profesional-descanso

LUNES	MARTES	MIÉRCOLES	JUEVES	VIERNES	SÁBADO	DOMINGO
MAÑANA	MAÑANA	MAÑANA	MAÑANA	MAÑANA	MAÑANA	MAÑANA
TRABAJO	Estudio tema nuevo semana	TRABAJO	Repaso tema nuevo	TRABAJO	Casos Prácticos	Libre
TRABAJO	Estudio tema nuevo semana	TRABAJO	Programación	TRABAJO	Casos Prácticos	Libre
TARDE	TARDE	TARDE	TARDE	TARDE	TARDE	TARDE
Estudio tema nuevo semana	Programación	Repaso temas anteriores	UU. DD.-U.D.I.	Sesión de clase con preparador	Repaso temas anteriores	Repaso temas anteriores

RECOMENDACIONES PARA LA REALIZACIÓN DEL EXAMEN ESCRITO. ESTRATEGIAS.

NOTA: Muchos de los consejos que ahora damos, sobre todo los relacionados con la presentación, escritura, etc. son también aplicables a la realización por escrito de los casos prácticos, si los hubiera.

En las convocatorias anteriores se ha comprobado que la mayoría de aprobados en el examen escrito tenían **buena letra**, además de contenidos notables. Efectivamente, entre los criterios de evaluación que utilizan los tribunales hay algunos puntos destinados a la **presentación** que no podemos desechar. Incluso, si la Orden de la Convocatoria indica que el opositor deberá **leer** su propio **examen** ante el tribunal, éste suele comprobar posteriormente su estructura, sintaxis, ortografía, etc.

No llegar a tiempo a los llamamientos supone la primera **precaución** a tomar. En ocasiones, las instalaciones donde se celebran las oposiciones se ven saturadas desde varios kilómetros antes de llegar. A ello hay que sumar el tiempo para aparcar, buscar el aula asignada, etc. **Llegar tarde** puede suponer la **no presentación** y la consiguiente **eliminación**.

Gracias a las observaciones hechas por los tribunales de años anteriores y por los criterios de evaluación que han transcendido, estamos en disposición de apuntar una serie de anotaciones a considerar por las personas opositoras durante su periodo de preparación con nosotros. Habitualmente los tribunales reservan parte de la nota total para los **aspectos "formales"** del examen, que ahora comentamos. Esto es de vital importancia porque dos opositores con igual cantidad y calidad de contenidos, sacará mejor nota quien mejor lo presente. Ante ello, reservar algunos minutos para poder **revisar** el examen antes de entregarlo, teniendo en cuenta lo siguiente:

- Nadie aprueba con **mala letra**. Igual decimos de la presentación y limpieza.
- Esto lo hacemos extensivo a las faltas de **ortografía**, acentuación, mala **sintaxis**, incorrecciones **semánticas**, **expresión** y **redacción**, **vulgarismos**, **repetir la misma palabra** continuadamente, **tachones**, suciedad, etc. No podemos "escribir igual que hablamos". También, no poner el número del tema elegido o su título. Otro error habitual es el mal uso de los puntos, bien seguido, bien aparte.
- Debemos escribir por **una carilla** -al menos que el tribunal indique otra cosa- con letra más bien grande para facilitar su lectura. No poner detalles como "no recuerdo..."; "creo que..."; "no me da tiempo..."; "me parece que es...".
- La **media** de **folios** (carillas o páginas) que suelen hacer nuestros preparados están entre **14 y 16**, con **17-22 renglones** cada una (20 lo habitual) y **9 palabras/renglón,** teniendo en consideración unos **márgenes laterales** y **superior e inferior** de 2 a 2'5 centímetros. No obstante, conforme avanza la preparación y la habilidad para escribir este tipo de examen, hay quien aumenta el volumen de páginas de manera significativa, pero siempre manteniendo y respetando los criterios de evaluación que suelen tener los tribunales: letra, limpieza, construcción semántica, ortografía, etc. Si preferimos escribirlo en un procesador de textos, como puede ser "Word", el número de palabras suele estar alrededor de las 2400-2700, aproximadamente.
- Los **renglones** deben ser **paralelos** y siempre con el mismo **interlineado**. En caso de tener problemas para hacerlo, podemos llevarnos una **plantilla** ya hecha, como una hoja tamaño folio de cuaderno de rayas, o bien hacerla allí

mismo con lápiz y regla. Si tampoco pudiese ser (a veces los tribunales han hecho especial hincapié en "no entrar con plantilla, regla, etc."), nos esmeraríamos en la realización de la primera página, aunque tardásemos más tiempo, y ésta nos serviría como "falsilla" o planilla de renglones. Otro "**truco**" es hacerla a partir del **DNI** al que previamente le hemos hecho unas señales minúsculas con la anchura que deseamos. Éste nos sustituiría a la regla.

- No se puede ser "loco o loca" escribiendo. Para ello es importante el **entrenamiento** durante el periodo de preparación. De ahí surge la **automatización** de todos estos aspectos, además del sangrado, márgenes, etc. No poner abreviaturas.
- Por otro lado debemos **numerar** las hojas, incluso algunos lo hacen poniendo "1 de 15; 2 de 15…".
- La utilización de **dos colores** de tinta **no** suele estar **permitido**, como tampoco subrayados para señalizar los títulos, epígrafes, ideas fundamentales, etc., al menos que el tribunal exprese lo contrario. En todo caso, **preguntar** al tribunal antes de empezar si es posible su uso, así como de tippex. También si se pueden poner gráficos, flechas, tablas, etc., si el tribunal lo permite, pero la Orden de la Convocatoria suele prohibirlo por considerarlo posible "**señal**". Un **bolígrafo** tipo **gel** y apoyarnos sobre un **superficie dura** para que éste se deslice mejor, nos permite mayor velocidad de escritura manteniendo su calidad. Quienes suelen hacer tachaduras, previendo que no les dejen usar tippex, pueden optar por un **bolígrafo borrable por fricción** (marca Pilot o similar) que elimina cualquier rastro de su propia tinta. No obstante, determinados "bolígrafos rápidos" que se basan en tinta tipo gel, suelen ser peor para opositores **zurdos**, por razones obvias. Recordamos la necesidad de seguir exactamente las **instrucciones** que nos dé el tribunal al respecto, habida cuenta tenemos experiencias sobre la **anulación** de exámenes por el uso de este tipo de herramienta de escritura.
- No olvidemos que la mayoría de los títulos de los temas tienen tres puntos, por lo que debemos **dividir** la totalidad de materia que escribamos en tres partes similares. De esa forma, evitamos exponer mucho contenido de una parte en perjuicio de otra. Así pues, normalmente haremos tres puntos con varios sub-puntos cada uno buscando la conexión entre los mismos. Además, pondremos el **índice** al principio, tras el título, **introducción**, **conclusiones**, **bibliografía** -que incluye la legislación- y webgrafía. En **resumen**, queda muy bien, limpio y "amplio", la estructuración del examen de esta manera:

  - **Título** del Tema. 1ª página. Mayúsculas y en una única página.
  - **Índice**. 2ª página. En una sola página.
  - **Introducción**. 3ª y 4ª página. Debe tener cierta peculiaridad con objeto de atraer la curiosidad del corrector. Nombrar los descriptores del título y en cada uno dar una o dos referencias del mismo. Podemos "presentarlo" a través de su importancia en el currículo y citar sus referencias legislativas. Usar, preferentemente, dos páginas.
  - **Apartados o descriptores** y los sub-apartados. 5ª página. Es el eje alrededor del cual gira la nota relativa a los contenidos. Incluye definiciones, clasificaciones, teorías, líneas metodológicas, referencias curriculares, aplicaciones prácticas, actividades, etc., todo ello citando a autores y normativa que luego quedarán reflejados en la bibliografía, pero con una redacción técnica. En cualquier caso debemos marcar claramente cuándo finalizamos el primer punto y comenzamos el siguiente. Si somos "olvidadizos", podemos dejar un interlineado relativamente amplio por si nos acordamos después de algún detalle olvidado y deseamos incorporarlo sin tachones.

- **Conclusiones**. Lo más notable que hemos tratado, los puntos clave. Al ser lo último que el corrector lee, deben estar muy cuidadas porque puede influir decisivamente en la nota.
- **Bibliografía**. Reseñar algún libro "comodín" y de los autores nombrados anteriormente. También la legislación significada.
- **Webgrafía**. Alguna general, como revistas digitales, o específica.

En cualquier caso, es **imprescindible** conocer los **criterios de evaluación** que van a seguir los tribunales, máxime si son públicos, como viene ocurriendo en varias comunidades autónomas, y en Andalucía de forma más concreta, tal y como hemos citado en el capítulos anteriores. Debemos, pues, hacer caso de ellos y citar o desarrollar todos los **aspectos** que los criterios mencionan.

Precisamente, el tiempo no lo podemos "regalar" ni despreciar, por lo que si terminamos el examen y aún quedan cinco o diez minutos, debemos **repasar** lo escrito por si se nos ha olvidado algo relevante o no hemos puesto la debida atención a las faltas gramaticales, sesgos sexistas, escritura con "códigos SMS", etc. Así pues, debemos agotar el tiempo subsanando cualquier error.

Si la preparación ha sido buena, nada más hacerse el sorteo de los temas, debemos decidirnos por uno. Inmediatamente nos concentramos y empezamos a desarrollarlo, porque debemos ya tener "**automatizada**" su escritura. Si empezamos a dudar, comenzamos a perder el escaso tiempo que nos dan.

En caso de haber estudiado con "**esquemas**", lo mejor sería hacernos uno en sucio para usarlo como guía en la redacción del examen. Este folio nos sirve también para tomar notas, para ir estructurando el tema, etc. Pero, repetimos, la escritura del tema debemos tenerla automatizada porque si no perdemos el tiempo. Esta hoja la destruiríamos al terminar.

Si hemos preparado una introducción, conclusiones, bibliografía y webgrafía "estándar", podemos irlas escribiendo en el llamado "**tiempo perdido**" que suele haber desde que nos dan los folios hasta que sortean los números de los temas. Después podemos añadir los rasgos específicos del tema ya elegido.

Nuestros preparados suelen preguntarnos por la expresión a usar. Aconsejamos el "**plural mayestático**" (*nosotros, ahora vemos, podemos seguir, observamos,* etc.)

Otro aspecto importante es la **elección** del tema de entre los sorteados. Debemos hacer el que dominemos mejor, el que ya lo hayamos escrito muchas veces durante la preparación, el que nos garantice escribir más folios, en suma, el que nos dé más seguridad.

No olvidar llevarse **agua** y alguna pieza de **fruta**. Normalmente a finales de junio suele hacer mucho **calor** y la sensación de éste aumenta con la tensión del examen.

Ahora adjuntamos una **hoja con un resumen** de los **aspectos formales** del examen escrito del tema, aunque aplicable también a la redacción de los **casos prácticos**.

MODELO ESTÁNDAR DE PRESENTACIÓN PARA PRUEBA ESCRITA

2.- COORDINACIÓN Y EQUILIBRIO EN LA INICIACIÓN AL FÚTBOL ESCOLAR

2.1. CONCEPTUALIZACIONES PRELIMINARES.

Desde un primer momento es adecuado tener en cuenta que cualquier movimiento, por mínimo que sea, requiere coordinación y equilibrio adecuados. Por ejemplo, abrir y cerrar una mano conlleva que una serie de grupos musculares realicen (agonistas) la acción y que otros se relajen (antagonistas) para que aquéllos puedan actuar, así como que otros grupos estabilicen (fijadores) los de la muñeca para que lo anterior pueda tener lugar (Téllez, 2014).

La coordinación nos permite hacer lo pensado, es decir, realizar la imagen mental que nos hemos hecho, el esquema motor. Está íntimamente ligada a las habilidades y destrezas básicas a través de su relación con la coordinación dinámico general y la coordinación óculo-segmentaria, respectivamente (Mateos y Garriga, 2015).

Precisamente, las edades porpias de la Primaria son las más críticas para el desarrollo de las capacidades coordinativas (Bugallal, 2011).

Si nos fijamos atentamente en un partido de fútbol podemos observar numerosas acciones diferentes y que, mal hechas, pueden producir lesiones, como dejinses:

a) Carreras

b) Saltos

c) Giros

d) Lanzamientos

Todos ellos con infinidad de VARIANTES. Para que todos esos gestos "salgan bien" ~~havrá~~ habrá sido necesario un director que regule todos los mov. Esta es la función del sistema nervioso.

PARTES ESTÁNDARES A TODOS LOS TEMAS.

Muchas de las personas que preparamos tienen **problemas** por la falta de tiempo o de, simplemente, por ser poco capaces de aprender **introducciones, conclusiones, bibliografías, legislación y webgrafía** de cada uno de los temas.

Uno de los **remedios** para no "castigar" la memoria es confeccionarse unos "**estándares**" o "**comunes**" que den servicio a estos apartados.

Si a ello le unimos la racionalidad en la confección del Índice, a partir de los tres o cuatro apartados o descriptores del título del tema, hemos ahorrado un esfuerzo a nuestra memoria.

Así pues, vamos a dar una serie de **consejos** para que cada persona lectora los elabore de una forma sencilla pero eficaz unos textos usuales, si bien deberíamos a continuación podríamos **complementarlos** con unos **rasgos específicos** del tema que, prácticamente, nos vienen dado por el **título** del tema que nos escribirá el tribunal en la pizarra de la sala de examen. Por ejemplo, si la Introducción la hacemos en dos páginas, los aspectos comunes pueden suponer entre el 60-75 %, es decir, página y un tercio de la siguiente. Si la Conclusión la hacemos en una única, las tres cuartas partes podemos dedicarla a los textos estandarizados y el resto a los concretos del tema escrito.

INTRODUCCIONES COMUNES A TODOS LOS TEMAS

Cuando hemos hablado con los componentes de los tribunales, habitualmente nos indican que suelen fijarse en el "detalle" de si el opositor ha puesto desde el principio o no **referencias** a la **legislación actual**, debido a que suelen entender que cualquier tema debe redactarse **a partir** de las leyes educativas, decretos y órdenes que las desarrollan. Así pues, debemos hacer mención, **respetando su jerarquía**, de:

- Ley Orgánica 8/2013, de 9 de diciembre, para la mejora de la calidad educativa (LOMCE). B.O.E. nº 295, de 10/12/2013.
- Ley Orgánica 2/2006, de 3 de mayo, de Educación (LOE). B.O.E. nº 106 del 04/06/2006. (Modificada por la LOMCE/2013).
- Ley 17/2007, de 10 de diciembre, de Educación en Andalucía. B.O.J.A. nº 252, de 26/12/2007.
- M. E. C. (2014). *Real Decreto 126/2014, de 28 de febrero, por el que se establece el currículo básico de la Educación Primaria.* B. O. E. nº 52, de 01/03/2014.
- M.E.C. (2015). *Orden ECD/65/2015, de 21 de enero, por la que se describen las relaciones entre las competencias, los contenidos y los criterios de evaluación de la educación primaria, la educación secundaria obligatoria y el bachillerato.* B.O.E. nº 25, de 29/01/2015.
- JUNTA DE ANDALUCÍA (2015). *Decreto 97/2015, de 3 de marzo, por el que se establece la ordenación y el currículo de la educación Primaria en la comunidad Autónoma de Andalucía.* BOJA nº 50 de 13/013/2015.
- JUNTA DE ANDALUCÍA (2015). *Orden de 17 de marzo de 2015, por la que se desarrolla el currículo correspondiente a la educación Primaria en Andalucía.* BOJA nº 60 de 27/03/2015.

No obstante, entendemos que sería un buen detalle **citar** también a las **Competencias Clave**, habida cuenta su importancia a partir de la publicación de la LOE/2006, actualizada por la LOMCE/2013.

Igualmente podemos hacer mención a la legislación correspondiente a la evaluación o a la relacionada con la atención a la **diversidad**, pero tanto texto no nos cabe, de ahí la necesidad de **sintetizar** la información que consideremos más representativa.

Otra línea es plasmar alguna "**frase hecha**", como *"enseñar Educación física con éxito supone diseñar una programación coherente con el contexto, disponer de un amplio abanico de estrategias didácticas, generar un clima de clase que invite al aprendizaje, utilizar adecuadamente los recursos materiales y tecnológicos e integrar la evaluación en el proceso de aprendizaje"* (Blázquez y otros, 2010).

Otro ejemplo puede ser: *"Uno de los fines genéricos que persigue la Educación Física escolar es el de favorecer la ubicación personal del alumno/a en la sociedad, en una cultura corporal donde la escuela proporcione al alumnado los medios apropiados para su acceso y, en consecuencia, conseguir los beneficios que de ella pueden conseguir: desarrollo personal; equilibrio psicofísico; mejorar la salud; disfrutar del tiempo de ocio; etc., así como el desarrollo de la autonomía personal ante las influencias que imponen los nuevos mitos sociales"*. *"El cuerpo y el movimiento como ejes básicos de nuestra acción educativa"*; *"el área de Educación Física se muestra sensible a los acelerados cambios que experimenta la sociedad..."*; *"la importancia de las relaciones interpersonales que se generan alrededor de la actividad física permiten incidir en la asunción de valores como el respeto, la aceptación, la cooperación..."*, procedentes de legislaciones pasadas, pero de plena actualidad por la temática expresada.

Posteriormente, en la Introducción debemos hacer referencias a la materia que trata el tema elegido, lo que antes hemos referenciado como "rasgos específicos". Esto nos resulta fácil con un poco de práctica, simplemente comentando una o dos líneas a partir del título del tema que el tribunal detalla en la pizarra. No obstante, el sentido de lo que expresemos debe ir encaminado a lo que "vamos a tratar en el desarrollo del tema..."

CONCLUSIONES COMUNES A TODOS LOS TEMAS

Si en las introducciones se basan en lo que "vamos a estudiar en el tema...", con las Conclusiones ocurre al contrario: "a lo largo del tema hemos visto (escrito, estudiado, tratado, etc.) la importancia de..." Para ello podemos **actuar** como antes, es decir, un par de **párrafos comunes** a todas las temáticas. Por ejemplo, "la trascendencia del conocimiento del propio cuerpo, vivenciándolo y disfrutándolo, además de respetarlo". Otra posibilidad es incluir un párrafo basándonos en algunos ejemplos de estos textos **estandarizados**:

"Todos los niños y niñas tienen el derecho a una educación de calidad que permita su desarrollo integro de sus posibilidades intelectuales, físicas, psicológicas, sociales y afectivas" (Decreto 328/2010). *"Entendemos la etapa de primaria como fundamental para el desarrollo de las capacidades motrices del alumnado y donde el docente debe observar las deficiencias de éstos para corregirlas lo más rápidamente posible"*.

En Andalucía, la O. 17/03/2015, indica que: *"la Educación Física es un área en la que se optimizan las capacidades y habilidades motrices sin olvidar el cuidado del cuerpo, salud y la utilización constructiva del ocio. En Educación física se producen relaciones de cooperación y colaboración, en las que el entorno puede ser estable o variable, para conseguir un objetivo o resolver una situación. La atención selectiva, la interpretación de las acciones de otras personas, la previsión y anticipación de las propias acciones teniendo en cuenta las estrategias colectivas, el respeto de las normas, la resolución de problemas, el trabajo en grupo, la necesidad de organizar y adaptar las respuestas a las variaciones del entorno, la posibilidad de conexión con otras áreas, el juego como herramienta primordial, la imaginación y creatividad".*

Posteriormente plasmamos algunos rasgos de lo más característico que hemos escrito durante la redacción del tema escogido. Realmente se trata de que destaquemos lo más trascendental de cada uno de los apartados de los descriptores del título, pero con información nueva, expresando que "a lo largo del tema hemos visto la importancia de..." o "hemos indicado en la redacción del tema los conceptos, clasificaciones, didáctica de...".

BIBLIOGRAFÍA COMÚN A TODOS LOS TEMAS

Hay quien diferencia **bibliografía** de **legislación**. Nosotros, al estar ambos documentos en formato papel, lo **unificamos**.

Evidentemente cada tema tiene una serie de volúmenes principales o monográficos de apoyo, pero también está muy claro que hay una serie de **libros generales de didáctica** que vienen muy bien tenerlos en cuenta para ponerlos en la mayoría de los temas. Son las publicaciones que habitualmente se manejan en las facultades de Magisterio. Los tribunales suelen valorar más ediciones de los **últimos años**, aunque siempre habrá libros "clásicos", sobre todo las **monografías** de conocidos autores y que son muy **específicas** de los **temas**. Por ejemplo, Delgado Noguera en temas relacionados con la metodología y organización; Blázquez con evaluación y con la iniciación deportiva; Rigal en motricidad, etc.

Algunos ejemplos de bibliografía **común**, es decir, libros que prácticamente en su totalidad tratan **todas** las **materias** de los veinticinco temas, son:

ADAME, Z. y GUTIÉRREZ DELGADO, M. (2009). *Educación Física y su Didáctica. Manual de Programación*. Fondo Editorial de la Fundación San Pablo Andalucía CEU. Sevilla.

ARRÁEZ, J. M.; LÓPEZ, J. M.; ORTIZ, Mª M. y TORRES, J. (1995). *Aspectos básicos de la Educación Física en Primaria. Manual para el Maestro*. Wanceulen. Sevilla.

BLÁZQUEZ, D.; CAPLLONCH, M.; GONZÁLEZ, C.; LLEIXÁ, T.; (2010). *Didáctica de la Educación Física. Formación del profesorado*. Graó. Barcelona.

CAÑIZARES, J. Mª y CARBONERO, C. (2009). *Currículum de Educación Física en Primaria para Andalucía*. Wanceulen. Sevilla.

CAÑIZARES, J. Mª y CARBONERO, C. (2009). *Currículum de Educación Física en Primaria*. Wanceulen. Sevilla.

CHINCHILLA, J. L. y ZAGALAZ, M. L. (2002). *Didáctica de la Educación Física*. CCS. Madrid.

CONTRERAS, O. R. y GARCÍA, L. M. (2011). *Didáctica de la Educación Física. Enseñanza de los contenidos desde el constructivismo*. Síntesis. Madrid.

CONTRERAS, O. y CUEVAS, R. (2011). *Las Competencias Básicas desde la Educación Física*. INDE, Barcelona.

FERNÁNDEZ GARCÍA, E. -coord.- (2002). *Didáctica de la Educación Física en la Educación Primaria*. Síntesis. Madrid.

FERNÁNDEZ GARCÍA, E. -coord.- CECCHINI, J. A. y ZAGALAZ, Mª L. (2002). *Didáctica de la educación física en la educación primaria*. Síntesis. Madrid.

GALERA, A. D. (2001). *Manual de didáctica de la educación física. Una perspectiva constructivista moderada*. Vol. I y II. Paidós. Barcelona.

GIL MORALES, P. (2001). *Metodología didáctica de las actividades físicas y deportivas*. Fundación Vipren. Cádiz.

SÁENZ-LÓPEZ, P. (2002). *La Educación Física y su Didáctica*. Wanceulen. Sevilla.

SÁNCHEZ BAÑUELOS, F. (1996) *Bases para una Didáctica de la Educación Física y los Deportes*. Gymnos. Madrid.

SÁNCHEZ BAÑUELOS, F. y FERNÁNDEZ, E. -coords.- (2003). *Didáctica de la Educación Física para Primaria*. Prentice Hall.

SÁNCHEZ GARRIDO, D. y CÓRDOBA, E. (2010). *Manual docente para la autoformación en competencias básicas*. C.E.J.A. Málaga.

VICIANA, J. (2002). *Planificar en Educación Física*. INDE. Barcelona.

VILLADA, P. y VIZUETE, M. (2002). *Los Fundamentos teóricos-didácticos de la Educación Física*. Secretaría General Técnica del M. E. C. D. Madrid.

VV. AA. (2008). *Colección de manuales de atención al alumnado con necesidades específicas de apoyo educativo*. (10 volúmenes). C. E. J. A. Sevilla.

ZAGALAZ, Mª L.; CACHÓN, J.; LARA, A. (2014). *Fundamentos de la programación de Educación Física en Primaria*. Síntesis. Madrid.

Esta relación, o parte de ella, no debe aparecer en exclusiva. Antes que nada debemos recordar que es muy conveniente **reseñar autores y año** de publicación **durante** la **redacción** de los diversos apartados o descriptores. Esto, obviamente, nos obliga a incluirlos en la bibliografía "específica" de cada tema. Por ejemplo, en los temas relacionados con la psicomotricidad (7 – 9 – 10 – 11) recomendamos citar a:

RIGAL, R. (2006). *Educación motriz y educación psicomotriz en Preescolar y Primaria*. INDE. Barcelona.

SASSANO, M. (2015). *El cuerpo como origen del tiempo y del espacio. Enfoques desde la Psicomotricidad*. Miño y Dávila editores. Buenos Aires.

TAMARIT, A. (2016). *Desarrollo cognitivo y motor*. Síntesis. Madrid.

Hay una serie de **documentos legislativos** "obligatorios" porque, entre otras cosas, los hemos debido referir en el examen escrito. Además, debemos reseñar otros **específicos** de los temas. Por ejemplo, si tratamos la "evaluación", debemos anotar la Orden de 4 de noviembre de 2015, por la que se establece la ordenación de la evaluación del proceso de aprendizaje del alumnado de educación Primaria en la Comunidad Autónoma de Andalucía.

La legislación general ya la hemos indicado en el apartado anterior sobre "Introducciones comunes", aunque referida a Andalucía. **Cada persona opositora debe adecuarla a la comunidad autónoma donde se presente.**

WEBGRAFÍA COMÚN A TODOS LOS TEMAS

Hoy día muchas de nuestras fuentes consultadas se encuentran en **Internet**, de ahí que debamos señalar algunas **webs fiables**. Nos inclinamos por revistas electrónicas de prestigio en la didáctica general y en la educación física en particular, así como a los portales de las propias **consejerías** de educación de la comunidades autónomas. Todas ofrecen recursos didácticos, experiencias… y legislación aplicada.

Algunos ejemplos, son:

http://www.agrega2.es
http://recursos.cnice.mec.es/edfisica/
http://www.ite.educacion.es/es/recursos
http://www.educarm.es/admin/recursosEducativos#nogo
www.juntadeandalucia.es/educacion/descargasrecursos/curriculo-primaria/index.html
http://www.gobiernodecanarias.org/educacion/webdgoie/
http://www.educarex.es/web/guest/apoyo-a-la-docencia
http://www.catedu.es/webcatedu/index.php/recursosdidacticos
http://www.adideandalucia.es

TEMA 8

EL APRENDIZAJE MOTOR. PRINCIPALES MODELOS EXPLICATIVOS DEL APRENDIZAJE MOTOR. EL PROCESO DE ENSEÑANZA Y DE APRENDIZAJE MOTOR. MECANISMOS Y FACTORES QUE INTERVIENEN.

ÍNDICE

INTRODUCCIÓN

1. EL APRENDIZAJE MOTOR.

    1.1. Definiciones.

    1.2. Principios.

    1.3. Clases de aprendizaje motor.

    1.4. Medición del aprendizaje.

2. PRINCIPALES MODELOS EXPLICATIVOS DEL APRENDIZAJE MOTOR.

    2.1. Teorías sobre el aprendizaje motor.

    2.2. Modelos teóricos explicativos sobre el aprendizaje motor.

3. EL PROCESO DE ENSEÑANZA Y DE APRENDIZAJE MOTOR.

4. MECANISMOS Y FACTORES QUE INTERVIENEN.

CONCLUSIONES

BIBLIOGRAFÍA

WEBGRAFÍA

INTRODUCCIÓN

El aprendizaje motor, como área de estudio e investigación, ha sufrido en los últimos 50 años una transformación radical (Ruiz y colls., 2001). En Andalucía, destacan los trabajos de Oña y colaboradores.

En este tipo de aprendizaje lo más importante son los **movimientos** corporales. Así, por ejemplo, al efectuar un lanzamiento con el pie, lo más significativo es la acción del miembro inferior. Pero, si prestamos atención, apreciaremos que el móvil debe dirigirse a un lugar determinado y en un momento preciso, lo cual implica otros procesos, como son los perceptivos, de control, etc. Esto ha hecho que podamos encontrar, refiriéndose al aprendizaje motor, términos como aprendizaje perceptivomotor, sensitivomotor, psicomotor y control motor (Gutiérrez, 2004). Aquí, utilizaremos el término **aprendizaje motor** con la intención de referirnos a todo ese proceso.

Debemos realizar un tipo basado en los conocimientos previos del alumnado, que sea **constructivo** y **significativo**, que se integre en las estructuras previas existentes y que, además, sea **funcional**, es decir, que lo pueda aplicar también fuera del contexto escolar, a situaciones de la vida cotidiana (O. 17/03/2015). No podemos olvidar el aprendizaje cooperativo, es decir, aquel que se basa en el grupo y en la interacción entre sus componentes.

En Primaria los aprendizajes de las habilidades motrices se deben efectuar en un ambiente lúdico y adecuado a la evolución de los intereses del alumnado.

A lo largo del Tema iremos viendo diversas **teorías y modelos**, los más **conocidos** ya que si no se nos haría interminable, que explican los procesos que rigen la adquisición y modificación de las habilidades motrices (aprendizaje motor).

Por último trataremos el proceso que sigue todo aprendizaje, así como muchos de los elementos y agentes que influyen.

1. EL APRENDIZAJE MOTOR.

Lo que enseñamos en el aprendizaje motor son **secuencias** de acciones musculares hechas con alto grado de competencia. Este proceso no es muscular, sino **neural** ya que los músculos son meros ejecutores de órdenes emanadas del cerebro y es allí donde se produce el aprendizaje (Guillén, Carrió y Fernández, 2002).

Las escuelas psicológicas y pedagógicas han definido el fenómeno del aprendizaje destacando los **cambios** y transformaciones que se producen en las personas por el hecho de practicar.

Después de una actividad motivada y de una experiencia significativa, el escolar es capaz de modificar sus respuestas ante diferentes situaciones. La mayoría de estos cambios llegan a ser relativamente permanentes, ya sea en términos de la naturaleza de la respuesta o lo que es más probable, en el aprendizaje de las habilidades motrices.

De hecho, Ruiz y otros (2001) entienden al aprendizaje motor como un proceso de obtención, mejora y automatización de habilidades motrices como resultado de la repetición de la secuencia motriz.

Es necesario diferenciar el cambio producido por el aprendizaje de los originados por el crecimiento o al contrario, por los deterioros de la senectud. Tampoco se consideran aprendizajes las ejecuciones debidas al azar.

1.1. DEFINICIONES.

Citamos una serie de definiciones de autores más significativos. Las hay que se basan en el **proceso** y otras en el **producto**.

- *"Proceso a través del cual el comportamiento motriz relevante, la conducta es alterada o desarrollada por medio de la práctica y la experiencia"* (Oxendine, 1970).

- *"Es un conjunto de procesos asociados a la práctica o experiencia tendentes a provocar cambios relativamente permanentes en el comportamiento"* (Schmidt, 1982).

- *"Es un cambio relativamente permanente producido por el entrenamiento y la experiencia"* (Lawther, 1983).

- *"Estudio de los factores internos y externos que influyen en la adquisición de movimientos coordinados (atención, memoria, organización de las recepciones, tiempo de reacción, transferencia, etc.)"* (Rigal, 2006).

En **resumen**, se puede definir el aprendizaje como *"un cambio relativamente estable y duradero del comportamiento, como resultado del entrenamiento y la experiencia* (Gutiérrez, 2004)".

Por otro lado, Riera (1989), dentro de una línea ecológica, entiende que el aprendizaje se realiza por el establecimiento de nuevas y estables relaciones del individuo con el entorno.

El alumnado participa de diferentes **entornos** sociales los cuales le proporcionan una gran variedad de **experiencias**. Familia, amigos, la escuela, los medios de comunicación, etc. constituyen contextos desde los cuales **adquiere sus conocimientos** sobre la realidad social y natural. De este modo, el alumnado antes de iniciar un aprendizaje ya tiene un bagaje o ideas previas que le sirve para relacionar el aprendizaje que pretendemos. Un ejemplo es el juego popular (Paredes, 2003).

1.2. PRINCIPIOS.

Gutiérrez (2004), citando a Sánchez Bañuelos (1992), destaca una serie de principios o leyes a tener en cuenta y que son de **obligado** cumplimiento si queremos tener éxito:

a) **Principio de la práctica**.

Las repeticiones sucesivas y bien hechas de la destreza hacen que en ésta se adquiera mayor estabilidad, pero además hacen que pueda ser retenida por más tiempo. Muy unido al principio de retención habida cuenta que la práctica bien realizada provoca la conservación de la habilidad largo tiempo. Por ejemplo, aprender a montar en bicicleta.

b) Principio de retención.

No se puede decir que una destreza ha sido aprendida si no está **almacenada** (*engrama motor*) en la memoria. Muchas repeticiones de la destreza -siempre bien hecha- mejora su retención (Singer, 1986). También depende de su significatividad y funcionalidad.

c) Principio de refuerzo.

Para que una ejecución se aprenda debe ser **reforzada**, esto es, **reconocida** y animada por el docente, aunque a veces se unen los compañeros. Si tras una ejecución trabajada el sujeto recibe un **premio**, tratará de repetirla otra vez. Por el contrario, con un "castigo", tratará de evitarla.

Los refuerzos pueden ser positivos o negativos. Refuerzo **positivo** es la aparición de un estímulo deseado con la intención de reafirmar la ejecución correcta. Refuerzo **negativo** es la desaparición de un estímulo deseado con la intención de reafirmar la ejecución correcta.

d) Principio de transferencia.

Las destrezas motrices que se aprenden nunca son totalmente **nuevas**, ya que se basan en actividades motrices **previamente** conocidas que pueden favorecer o entorpecer el aprendizaje. Transferencia, pues, es la transmisión de los aprendizajes anteriores hacia los siguientes.

Tradicionalmente se entiende que la transferencia puede ser **positiva**, **negativa** o **neutra**. Aunque hay multitud de variantes, vemos las más conocidas.

- **Positiva**. Cuando un aprendizaje previo **favorece** el posterior, por ejemplo practicar el bote con una pelota de goma en 1º de Primaria beneficia al aprendizaje del dribling en Mini Basket en 6º.
- **Negativa**. Cuando el aprendizaje a realizar **interfiere** con una segunda tarea. Por ejemplo, practicar bádminton y tenis. Los desplazamientos son **opuestos**, los implementos distintos, lo mismo que la técnica de golpeo, etc.
- **Neutra**. El aprendizaje de una habilidad **no interfiere** en el de otra. Por ejemplo, si enseñamos bádminton y ajedrez en el mismo día.

Las anteriores, a su vez, pueden ser (Ruiz Pérez, 1994 y Parlebas, 2001): **proactivas**, cuando modifican la realización de una actividad nueva, o **retroactivas**, cuando modifican la realización de una actividad aprendida anteriormente. Parlebas (2001), entiende que la proactiva es más habitual en la Educación Física escolar y la retroactiva del entrenamiento deportivo

Sánchez Bañuelos (1992), citando a Gagné (1975), establece las de tipo:

- **Vertical**. Cuando los aprendizajes captados anteriormente son de utilidad a otros posteriores, similares, aunque más complejos. Por ejemplo, el dominio de la habilidad motriz del salto en 2ª de Primaria, le es muy útil al escolar si más adelante entrena a Baloncesto.
- **Horizontal** o **Lateral**. Cuando el alumno es capaz de realizar una destreza similar y de igual nivel de complejidad como consecuencia de haber aprendido otra anteriormente. Por ejemplo, tras dominar el patinaje en hielo, el escolar aprende patinaje "in line".

No obstante lo anterior, matizamos que otros autores - Ellis, Singer, etc.- distinguen **más tipos** de transferencias (Fernández -coord.-, 2002).

1.3. CLASES DE APRENDIZAJE MOTOR.

El aprendizaje motor se produce por la ejecución de las destrezas y éstas pueden ser alcanzadas por cuatro procedimientos: **imitación**; **transmisión** de información verbal; **descubrimiento** y **multimedia** que engloba a las anteriores.

- **Aprendizaje por imitación o modelaje (aprendizaje vicario)**.

Una de las vías habituales en la iniciación al juego es seguir, vía visual, el de los mayores, a los compañeros o a personas (deportistas) que son destacables para nosotros. Es muy habitual, aunque no debería ser así, que el docente realice el gesto, juego, etc. y que el grupo lo imite para practicarlo.

- **Aprendizaje por transmisión de información verbal**.

Sobre todo se da en casos de conocimientos de resultado. Suele ser complemento al visual o al de descubrimiento. El alumnado de primaria suele atender a pocas consignas verbales.

- **Aprendizaje por descubrimiento**.

Es un tipo de aprendizaje donde el chico o chica, en lugar de recibir los contenidos de forma pasiva o directa por nuestra parte, descubre los conceptos y sus relaciones y los reordena para transformarlos a su mapa cognitivo. La enseñanza por descubrimiento coloca en primer plano el desarrollo de las destrezas de investigación del escolar y se basa principalmente en la inducción y en la resolución de los problemas.

Así pues, tras dotar al alumnado de una serie de patrones básicos de movimiento, vamos dando propuestas con indicios y pautas del nuevo aprendizaje para que el escolar responda a las nuevas situaciones que puedan darse en el juego creando las respuestas. Debe ser significativo, que el alumno sea consciente de su importancia. Por ejemplo, ¿cómo puedes trasladarte con tres apoyos?, ¿cómo eres capaz de botar para que el contrario no te quite la pelota?

Es el que **debemos seguir** si realmente deseamos que el grupo elabore respuestas, practique estrategias creativas, ponga en funcionamiento sus capacidades cognitivas, etc.

- **Holístico o multimedia**

Lo denominamos así porque **integra**, en mayor o menor medida, a los anteriores. Se produce cuando realizamos una instrucción con ayuda de **recursos multimedia**, como las Webquest y otras herramientas y aplicaciones (**App**), tales son las "plataformas de aprendizaje", como Moodle, Tiching, Kahoot, etc. Por ejemplo, para tratar el aprendizaje del calentamiento, enviamos al alumnado una Webquest para resolver esta temática a base de **investigar** a través de los **enlaces** remitidos. En ellos podemos incluir virtuales con textos y gráficos sobre las ventajas de hacer el calentamiento de forma adecuada y metódica, vínculos a vídeos donde alguien, como un conocido entrenador o deportista, muestra los aspectos más importantes sobre la forma de hacerlo, enlaces a determinadas webs previamente testeadas por nosotros donde hay información relevante sobre los posibles problemas por no realizarlo bien.

Es decir, que el alumno/a recibe informaciones que le motivan al **descubrimiento**, otras **auditivas** y unas terceras de índole **visual** para que imite las acciones y consiga realizar y concienciarse de cómo y para qué hacer bien el calentamiento (Cañizares y Carbonero, 2009).

Además, esta clase de aprendizaje nos facilita que éste se realice teniendo como base una estructura metodológica **cooperativa** donde, a través de la resolución conjunta de las tareas, los miembros del grupo conozcan las estrategias utilizadas por los demás y puedan aplicarlas a situaciones similares (O. ECD/65/2015).

1.4. MEDICIÓN DEL APRENDIZAJE.

Siguiendo a Gutiérrez (2004) y Rigal (2006), destacamos a:

- **Test**.- Es una realización **estandarizada**. Se trata de poner al testeado en una situación de ejecución límite, de alcanzar su máximo. Pueden ser de tipo físico, que aplicaríamos a modo de "control" de la condición física para detectar cualquier irregularidad, preferentemente al final de la Etapa, como el test de Detente. También pueden ser de naturaleza antropométrica, como la medición de la estatura, peso, envergadura, etc. Con los test pretendemos **comparar** los resultados que obtienen unos alumnos con otros.

- **Prueba**.- Genéricamente designa a un conjunto de actividades características de una **edad** dada. Permite determinar el avance o el retroceso psicomotor de un individuo según triunfe o fracase en la prueba situada antes o después de su edad cronológica. Por ejemplo, la prueba de orientación, derecha-izquierda de Piaget-Head.

- **Balance**.- Engloba a un **conjunto** de **pruebas** utilizadas para determinar el máximo desarrollo alcanzado en todo un grupo de habilidades perceptivo-motrices. Por ejemplo, el balance psicomotor de Vayer.

- **Batería**.- Designa un **conjunto** de **test** utilizados para medir varios aspectos. Por ejemplo, la batería Eurofit.

- **Escala de Desarrollo**.- Aglutina a un **conjunto de pruebas** muy diversas y de dificultad graduada para medir minuciosamente diferentes sectores del desarrollo. Su aplicación a un sujeto permite evaluar su nivel de desarrollo motor. Por ejemplo, Escala de Desarrollo de Gesell, Brunet-Lèzinei. Aunque presenta **similitudes** con el Balance, la Escala es una comparación con una edad y el Balance, no.

- **Perfil psicomotor**.- Consiste en una **reproducción gráfica** de resultados obtenidos en varios test. Por ejemplo, el Perfil psicomotor de Vayer.

Todos estos medios deben cumplir una serie de criterios como fiabilidad, validez, discriminación o sensibilidad, objetividad, economía, etc. (Oña, 2005).

Las mediciones de los distintos aprendizajes se plasman en una cuadrícula con un eje de ordenadas. De ahí surgen las conocidas "**curvas de aprendizaje**" y que son los *gráficos que se emplean para representar los datos obtenidos en la evolución del aprendizaje* (Gutiérrez, 2004).

2. PRINCIPALES MODELOS EXPLICATIVOS DEL APRENDIZAJE MOTOR.

Las **teorías** son hipótesis más generales a diferencia de los **modelos** que son más simples y específicos. Hoy día las teorías más aceptadas, desde el punto de vista educativo, son las que establecen el carácter **procesual y constructivo** del aprendizaje y desarrollo motor. Esto conlleva la superación de las posiciones **innatistas** -que los atribuyen a la herencia- y de las posiciones **ambientalistas** -que los explican en función del medio exclusivamente-, pues el mecanismo por el que se van construyendo progresivamente ambos procesos es el de la **interacción** del sujeto con su entorno (Gutiérrez, 2004).

En cualquier caso, el D. 328/2010, de 13 de julio, por el que se aprueba el Reglamento Orgánico de las escuelas infantiles de segundo grado, de los colegios de educación primaria, de los colegios de educación infantil y primaria, y de los centros públicos específicos de educación especial, BOJA nº 139, de 16/07/2010, indica en su artículo 8 sobre los **derechos del profesorado** que puede "emplear los **métodos de enseñanza y aprendizaje** que considere más **adecuados** al nivel de desarrollo, aptitudes y capacidades del alumnado, de conformidad con lo establecido en el proyecto educativo del centro".

2.1. TEORÍAS SOBRE EL APRENDIZAJE MOTOR.

La totalidad de este punto está resumido de Sánchez Bañuelos (1992), Ruiz Pérez (1994), Ballesteros (1996), Montero (1997), Oña -coor.-. (1999), Rojas (2000), Galera (2001), Sáenz-López (2002), Fernández -coord.- (2002), Rivadeneyra -coor- (2003), Castejón -coord.- (2003), Gutiérrez (2004), Riera (2005), Oña (2005) y Gallardo y Camacho (2008).

Ahora vemos las teorías y modelos más conocidos, así como los más vanguardistas. En este cuadro los resumimos.

TEORÍA-MODELO	RASGOS-ÉNFASIS. AUTORES.
T. Conductista	Estímulo-respuesta. Valora el resultado. Watson, Thorndike, Skinner.
T. Cognitivistas	Cogniciones. Valora proceso. Ensayo-error. Vygotski, Piaget, Crowder.
M. Procesamiento I.	Tratamiento de la información, su recorrido y aprovechamiento. Welford, Marteniuk.
M. Cibernético	Feedback. Conocimiento de resultados. Wiener, Fytts, Simonet.
M. Constructivista y A. Significativo	Todo aprendizaje se construye a partir de otro anterior. Vínculos entre los conocimientos que ya posee y los que incorpora. Piaget, Vygotski, Ausubel.
M. Estructuralista	Relación entre las estructuras coordinativas, cognitivas, etc. del ser humano. Saussure, Kohler, Seirul.lo.
M. Cooperativo	Trabajo conjunto. Todo el grupo es un engranaje. Hermanos Jonhson.
M. Aprendizaje social	Importancia de observar e imitar la conducta de los demás compañeros. Bandura.

Riera (1989), destaca que los inicios del aprendizaje motor están en las aportaciones del astrónomo Bessel a finales del siglo XIX. A los pocos años, Lastrow se interesa pero con un enfoque hacia la producción industrial. Le siguieron Bryan y

Harter sobre el ámbito de los trabajadores de telégrafos. A principios del siglo XX se inicia con intensidad la investigación.

Históricamente podemos destacar, de forma muy resumida, a dos grandes corrientes:

- **Conductismo (Behaviorismo o Asociacionismo)**. Tienen su esplendor, sobre todo, en la primera mitad del siglo XX. Lleva a cabo el esquema de **asociación** entre "**estímulo-respuesta**" y se investiga a través de la inteligencia animal en laboratorio. Da lugar a una metodología **conductista** o deductiva (Zagalaz, Cachón y Lara, 2014).

- La "**Corriente Cognitiva**". A partir de 1960. Reacción contra los conductistas o conexionistas. El interés de los investigadores se centra no tanto en los mecanismos como en las **estrategias** implicadas en la adquisición de las habilidades y destrezas motrices. Esta teoría se **desglosa** en multitud de **modelos** más concretos que enfatizan el aprendizaje en líneas muy precisas, como veremos más adelante. Da lugar a una metodología **constructivista** o inductiva (Zagalaz, Cachón y Lara, 2014).

- La "**Corriente Biomecánica o Kinesiológica**". Si bien sus inicios podemos encontrarlos hacia 1950, es a partir de la década de los 70 cuando cobra importancia y ésta hoy es imprescindible en el entrenamiento de elite. Las habilidades deportivas se estudian individualmente con ayuda de ordenadores y grabaciones en video con sensores distribuidos a lo largo del cuerpo para evaluar cómo es la "gestoforma" deportiva ideal para un deportista en concreto en función de sus parámetros físicos. Estos análisis biomecánicos aplican técnicas de **Ingeniería Mecánica**. Lógicamente, es inaplicable al ámbito educativo.

a) **Teoría Conductista o Asociacionista**.

Fue la primera formulada por los psicólogos a principios del siglo XX, (Watson y Thorndike), y centra su interés en la **conducta** evidente. Los autores se interesaron en la **asociación de respuestas** predecibles ante un determinado estímulo. De naturaleza **mecánica**, no le da importancia al proceso ni a las diferencias individuales. Los contenidos no son adaptados ni reorganizados con respecto a los conocimientos previos que tiene el alumno, sino que éste los asimila directamente para hacerlos suyos. El "**condicionamiento clásico**", o proceso de aprendizaje, se basa en la relación que estableció Paulov entre estímulo y respuesta y que ignoraba cualquier intervención cognitiva.

En Educación Física su dominio ha sido grande. El docente, cuando tradicionalmente daba la **orden** (voz, pitido) esperaba la **respuesta** de los alumnos de forma simultánea, con la idea que desarrollasen habilidades similares a las mostradas previamente por él. Es típico de la enseñanza masiva.

Skinner es el precursor del "**condicionamiento operante**" y sostiene que el **refuerzo** es elemento fundamental para el control de la conducta. De este modo, las **conductas** "**premiadas**" tienden a **repetirse** y las que obtienen "castigo" a **desaparecer**, centrando su atención en el **resultado**.

Gráfico: *Programa lineal de Skinner: aprendizaje sin error.*

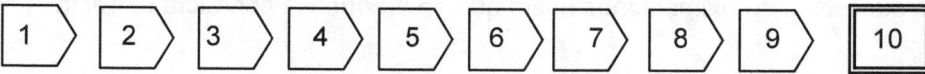

Skinner (1960), establece la secuencia de los marcos para asegurar que casi no se presenten errores en las respuestas del alumno. Todos deben pasar por la misma secuencia, con objetivos muy precisos y encadenados. Un ejemplo aplicado es la enseñanza del pase "clásico" de Balonmano dando los tres pasos reglamentarios. Se analiza en cuatro fases, automatizando cada una de ellas antes de pasar a la posterior: pase estático, con uno, con dos y con tres pasos.

Navarro (2007), indica que en los comienzos de la década de los 80 del pasado siglo, el contexto pedagógico de la Educación Física en España era neoconductista, lo cual se plasmó en lo que se denominó la "enseñanza programada". Cuando esta tendencia inició su declive, aparecieron los "programas renovados", para asentar los desarrollos curriculares de las programaciones de aula de las áreas. *"La Reforma previa a la LOGSE cambió el paradigma de pedagogía conductista por el constructivista"* (Navarro, 2007).

b) **Teoría Cognitivista.**

El aprendizaje no se produce solo por estímulos exteriores, por respuestas mecánicas o por el despliegue de un programa genético innato. Lo más importante es lo que pasa en el interior del alumno: los **procesos cognitivos**, representaciones internas, ideas o razonamientos. Ante un estímulo no todos responden igual porque los "**mapas cognitivos**" son diferentes. **Piaget** (1976), indica que todo el proceso de aprendizaje conlleva otro de maduración del sistema nervioso y así se va organizando este mapa. Esta **maduración** psíquica y física es el **aprendizaje**.

Vygotski entiende que la construcción del conocimiento tiene un carácter social en el sentido que los procesos comunicativos son fundamentales para el desarrollo intelectual, entre otros. Por tanto, los mecanismos de interacción que se producen en el aula van en una doble dirección: docente/alumno y entre el propio alumnado.

El cognitivismo está muy vinculado a la corriente de la **Gestal** y propone una enseñanza basada en la **resolución de problemas** mediante el "**Ensayo-Error**", formulado por **Thorndike**, centrando su atención en el **proceso** porque considera que el **error** también **educa** y además hace a los individuos más adaptativos (Contreras y García, 2011). La clave está en el modo en que cada alumno interpreta y valora la **información** que le llega del exterior, en la fuerza de la conexión entre el estímulo y su respuesta. Los conocimientos no son agregados, sino que constituyen **esquemas** que se van reestructurando, transformándose, en función de la actividad constructiva del sujeto que aprende.

La **percepción del medio** que rodea al alumno, ya desde muy pequeño, le ayuda a construir esquemas mentales de su entorno más inmediato, su exploración será posible gracias al desarrollo del movimiento y conllevará la adquisición de capacidades que darán lugar al **desarrollo cognitivo** (Tamarit, 2016).

Para mejorar el nivel de adaptación a los alumnos, Norman **Crowder** (1962) introdujo una serie de innovaciones que se conocen con el nombre de "**Programación Ramificada**". Cuestionó a Skinner y su programa lineal porque consideró que los errores en las respuestas, además de que eran inevitables, podrían ser útiles. En la programación ramificada se daba retroalimentación tanto para las respuestas correctas como para las erróneas (diferente retroalimentación en cada caso). Esto permitía tomar en cuenta los distintos aprendizajes previos de cada alumno. El escolar realiza sucesivas aproximaciones hasta que se produce la conducta correcta.

Gráfico: *Programa de ramificación múltiple de Crowder*

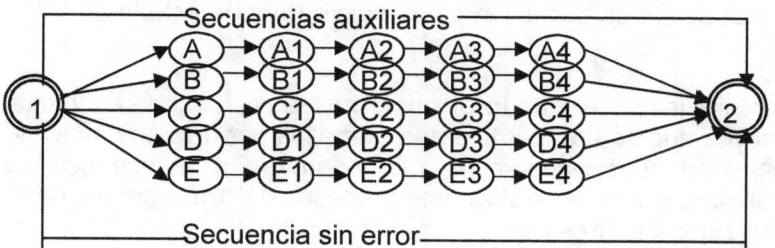

> Por ejemplo, en el cambio de mano y dirección en Mini-Basket, en función de la respuesta dada por cada alumno, el maestro dará más o menos retroalimentación.

2.2. MODELOS TEÓRICOS EXPLICATIVOS DEL APRENDIZAJE MOTOR.

Riera (1989), **clasifica** los modelos en tres grupos: **físicos**, **biológicos** y **psicológicos**, al mismo tiempo manifiesta que en su mayoría parten de presupuestos psicológicos, que los lazos entre ellos son numerosos y que la forma de exponerlos, de forma separada, es simplemente una estrategia metodológica.

- **M. Físicos**. Fundamentados en leyes mecánicas, dinámica y cinemática. "El ser humano está compuesto por un conjunto de articulaciones y segmentos que cumplen con estos principios". Por ejemplo, la biomecánica explica el aprendizaje motor a través de las palancas que establecen huesos y músculos.

- **M. Biológicos**. Compuestos por los de tipo antropométricos, evolutivos y energéticos, que consideran al ser humano desde una perspectiva biológica, subrayando sus aspectos funcionales y estructurales. Por ejemplo, el modelo anatómico se usa en ergonomía (cómo diseñar el lugar de trabajo del operario con el fin de evitar problemas de salud y aumentar su eficiencia).

- **M. Psicológicos**. Emanan de la teoría **Cognitivista** y hacen más hincapié en determinados aspectos: **feedback**, **información**, **significancia** de la nueva tarea, etc. En todos ellos el alumnado es un sujeto "**activo**", que tiene que pensar y reestructurar sus esquemas de conocimiento, bien modificando el existente, bien incorporando otros nuevos. Además deben ser funcionales, es decir, aplicables a otros contextos concretos y transferibles a situaciones nuevas de la vida, cosa que no ocurre con la teoría Conexionista o Asociacionista, donde el aprendiz es un mero **repetidor** de las directrices -exactas- que le dicta el maestro, con objeto de conseguir un aprendizaje rápido, aunque mecánico, aburrido y repetitivo.

Los numerosos **modelos parten del cognitivismo** y, aunque sus **diferencias** son **pocas**, tratan de hallar unas explicaciones que reconozca la comunidad científica. Si bien existen muchas variantes, nos **centramos** en los más **importantes**:

a) **Modelo del Procesamiento de la Información.**

Este modelo entiende al **alumno** es un procesador de información. Es decir, recibe los estímulos que le presenta el medio, los procesa y da una respuesta que se puede convertir en una nueva información a procesar. La dificultad a encontrar por el alumnado al realizar un aprendizaje motor va a estar relacionada con la cantidad y tipo de información que requiera dicho aprendizaje en su realización.

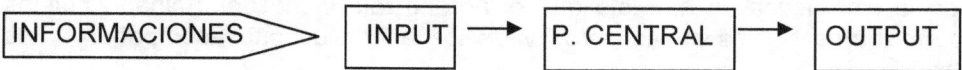

Como vemos en el gráfico, lo importante es la **evolución** que tiene la **información** (conocimiento) desde su captación por el sujeto (Input) hasta la creación de la respuesta (Ouput).

En este modelo es preciso saber que **información** es la cantidad de estímulos que llegan al alumno una vez que se han perdido parte de ellos por diversos motivos. También que *"es la cantidad de incertidumbre que se pierde o reduce cuando recibimos una señal"* (Sánchez Bañuelos, 1992). Los procesos del **tratamiento** de la información se realizan en **serie**, uno tras otro.

El **recorrido** de la información es tratado por diferentes autores. Entre los más conocidos podemos señalar a Welford y Marteniuk:

- **Modelo de Welford** (1976). Entiende el aprendizaje de la habilidad motriz, en sus aspectos funcionales, como un sistema de procesamiento de la información. Tienen un papel destacado **cuatro circuitos de feedback**, que retroalimentan al ejecutante y facilitan el control de la acción. Éstos, son:
    - **Decisión-memoria**. El alumno, antes de responder, evoca a sus experiencias pasadas.
    - **Control neuromuscular**. Por parte del S.N.C.
    - **Conocimiento de la ejecución**. Es el feedback interno. Sirve, sobre todo, para el control de las habilidades de tipo continuo, como marcha, natación, carrera, etc.
    - **Conocimiento de los resultados**. Es el feedback externo. El individuo coteja si el objetivo y el resultado obtenido coinciden.

- **Modelo de Marteniuk** (1976). En este modelo la ejecución motriz está basada fundamentalmente en tres **mecanismos** que se desencadenan de forma secuencial. A diferencia de Welford, distingue **dos circuitos de feedback**: interno y externo.

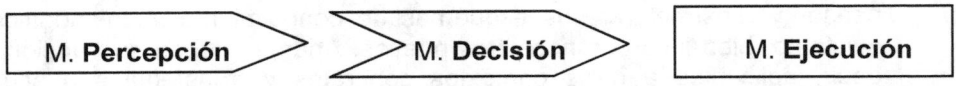

Como podemos observar, el modelo de Welford fue simplificado por Marteniuk, que sintetizó el complejo proceso sensomotor en los tres mecanismos básicos vistos (Galera, 2001).

b) Modelo Cibernético.

Wiener (1948), es considerado como el "padre" de la Cibernética, que la definió como la "ciencia que estudia los procesos de control en las máquinas y en los organismos vivos", aunque también como ciencia de sistemas **autorregulados**. Considera al individuo como un ordenador con memoria a corto (R.A.M.) y largo plazo (disco duro).

Este modelo refleja una consideración de **servomecanismo** o circuito cerrado en la actuación. En el caso que la realización haya terminado, la información de la realimentación se puede almacenar en la memoria para su futuro empleo.

Con la cibernética se ha visto que el aprendizaje viene determinado por los efectos **sensoriales** de los movimientos y de los estímulos que acompañan a las respuestas.

Por lo tanto, el modelo **cibernético** va unido al principio de **feedback** (retroalimentación de la información), el cual según Sage (1984), es *"la información que un individuo recibe como resultado de alguna respuesta"*.

El ser humano es un sistema capaz de utilizar diversos tipos de feedback. Esta acepción es la más primaria en la bibliografía especializada. A partir de los trabajos de Biladau (1961), Fytts (1964), Simonet (1985), Ruiz Pérez (1994) y otros se acuñó el término **conocimiento de resultados**. Hoy día éste es el más usado, entre otras cosas porque existen muchas variantes y estudios de autores. En ello ha influido decisivamente la importancia de las grandes competiciones deportivas, que han acrecentado el interés por la iniciación y el perfeccionamiento de las habilidades deportivas, corrección del gesto, etc.

Tradicionalmente, en el feedback se distinguen dos modalidades:

- **Intrínseco. Conocimiento de la ejecución** que el sujeto capta como consecuencia inherente a la respuesta. El niño cuando anda por encima de una barra de equilibrio está constantemente recibiendo información o **conocimiento** sobre la **ejecución** de la habilidad, para reajustar sus respuestas si así fuera necesario.

- **Extrínseco o aumentado.** Cuando el intrínseco no es suficiente, es necesario aportar al practicante una orientación externa (profesor, vídeo, ordenador...), para poder reajustar o estabilizar sus respuestas. Cuando se trata de una grabación en vídeo hablamos de una **autoscopia**. Un feedback extrínseco es el **biofeedback**, por el cual el deportista recibe información de las constantes biológicas de su organismo durante el proceso de realización de determinadas pruebas. Por ejemplo, al corren sobre la cinta rodante, los datos sobre frecuencia cardiaca que marca la pantalla de control.

Ruiz Pérez (1994), citando a Magill (1986), establece el Conocimiento de Resultados como *"una información que el profesor da al alumno sobre los **resultados** de su respuesta y debe ir en la línea del **refuerzo**"*. *"En la práctica, proporcionar conocimiento de resultado es lo mismo que dar feedback"* (Gil, 2007).

En cuanto a los **tipos** de C. de R. podemos establecer cuatro grupos (Calderón y Palao, 2009):

- **Por el momento de dar la información**. Por ejemplo, **concurrente** si damos información durante la ejecución o **terminal** si la damos al finalizar la actividad.

- **Por la dirección de la información**. Según el número de personas que tienen acceso a la información. Puede ser **individual** o **grupal**.

- **Por la forma de expresar la información**. Podemos dar información de modo **verbal**, **visual**, **kinestésico-táctil** y sus combinaciones. Últimamente hay cierta tendencia a la **autoscopia**, que es la auto-observación en video, pero debemos andar con **cautela** por ser menores edad.

- **Por la intención del profesorado al proporcionar la información**. Son muchas las variantes. Destacamos a los tipos **evaluativo**, cuando emitimos un juicio de valor: "está bien"; **descriptivo** cuando narramos los movimientos realizados insistiendo en los gestos mal efectuados: "el salto ha sido demasiado vertical". El **interrogativo** es muy interesante porque preguntamos al alumno sobre la ejecución para que busque sus errores y los corrija, por ejemplo, "¿cómo llevabas el codo al lanzar?".

Díaz (2005), basándose en varios autores, establece siete grupos desgranando la propuesta de Sáenz López (2002): por su procedencia, dirección, objetivo, tipo, forma, momento y a quién va dirigido.

Dentro del modelo Cibernético destacamos a dos autores: **Adams** y **Keele**.

- **Modelo de Adams: Circuito Cerrado** (1971).

También conocido como "Teoría del Bucle o Circuito Cerrado", de Jack Adams, es propia de habilidades motrices continuas, como botar o conducir un balón (Batalla, 2005). El proceso de información es de tipo repetido y el individuo actuará de acuerdo a ello. La información se da y utiliza momento a momento. Para Adams existen dos fases en el proceso de aprendizaje:

- o **Fase Verbal** (decimos la habilidad a realizar y cómo hay que hacerla).
- o **Fase Motriz** (es la realización práctica de la habilidad descrita antes).

- **Modelo de Keele: Programa Motor** (1982).

También es conocida como "Teoría del Esquema o de Control Motor en Bucle Abierto" (Batalla, 2005). Keele, aunque también **Schmidt**, Rogers y Henry, no distingue fases ya que el principiante parte con una idea o "programa motor inicial" que, tras realizarlo en su totalidad, comprueba si ha tenido éxito o no en la actuación. En caso negativo, crea un "programa motor modificado o adaptado" para, posteriormente, realizar el gesto y volver a repetir...

Los aprendizajes promovidos en la etapa de primaria no deben centrarse en la adquisición de respuestas específicas, sino en el aprendizaje de **esquemas generales de acción** que, posteriormente cada alumno, los adapte y concrete ante la variedad de situaciones posibles (Rivadeneyra y Sicilia, 2004).

Los ejemplos están relacionados con las tareas motrices **discretas**: lanzamiento de peso, tiro de personal, tiro de puntería con carabina, dardos, etc.

c) **Modelo constructivista y significativo**.

El **constructivismo** lo inicia principalmente Piaget. Enfatiza que la adquisición de una habilidad no se produce desde la nada, sino que se cimienta a partir de adaptaciones, modificaciones y rectificaciones de habilidades ya **adquiridas** y que constituyen el repertorio motor del individuo, es decir, los *"mecanismos de asimilación y acomodación"*. Pero esta construcción **no** debe suponer un puro proceso **acumulativo** de informaciones y experiencias; la intervención del docente no se centra sólo en la presentación de estímulos informativos para unos nuevos aprendizajes, sino que implica procesos interactivos y dinámicos, con los que la mente interpreta y reinterpreta (ideas previas) la información externa y construye, a su vez, modelos explicativos cada vez más complejos y útiles.

Hay que promover el contraste entre los conocimientos por parte de los aprendices con el fin de propiciar la aparición de conflictos cognitivos. El alumnado debe **comprender** la situación-problema motor para ajustar su conducta. Por ejemplo, ante la pregunta de cómo puede pasar el balón al compañero sin que se lo quite el contrario, el individuo tendrá que averiguar la mejor forma de hacerlo a partir de experiencias anteriores.

El profesorado debe evaluar y verificar esta **situación de partida**, el nivel de desarrollo y los conocimientos previos del alumnado en este campo, ya que en algunos casos éstos no están bien asegurados, sobre todo si tenemos en cuenta la disparidad en el ritmo de maduración de los grupos de estas edades y la incidencia de factores socioambientales y biofisiológicos (Contreras y García, 2011).

La importancia del factor social entre las informaciones previas y las nuevas queda muy bien sintetizada en la noción de "**zona de desarrollo próximo**" y "**zona de desarrollo potencial**" (Vygotsky 1979 en Rigal 2006). Un alumno tiene un **nivel real** para solucionar un problema -motor en nuestro caso-; es su límite que sólo él por sí mismo puede lograr. Zona de **desarrollo potencial** es el límite de lo que puede aprender con ayuda del docente o compañeros de superior nivel. Zona de **desarrollo próximo** es la distancia entre el nivel real y el potencial. En nuestra área se realiza mucho a través de la aplicación del estilo de enseñanza del "Descubrimiento Guiado".

En la construcción del conocimiento hay que citar también a la "**Dificultad óptima**" (Famose en Oña 1999), que es *"aquella que se sitúa en un nivel tal, que los alumnos tengan la posibilidad de implicarse en ella de forma constante y con un buen porcentaje de éxito"*. Por ejemplo, la entrada a canasta en Mini-Basket "a aro pasado", se basa en la entrada estándar y normalmente representa una "dificultad óptima" para el practicante medio.

El aprendizaje **significativo** lo acuñó Ausubel (1976) como el **opuesto** al mecánico, repetitivo y acumulativo, porque este autor comparte la línea cognitivista. Ausubel, Novak y Hanesian (1983), también lo nombran como *"modelo de la asimilación"*, con el fin de resaltar la función interactiva que las estructuras cognoscitivas (contenidos y organización total de las ideas de la persona en un área concreta del conocimiento) existentes, desempeñan en el proceso del nuevo aprendizaje. Está referido a la posibilidad de establecer **vínculos** sustantivos (*"la inclusión"*) y no arbitrarios entre lo que hay que aprender, el nuevo contenido, y lo que ya se sabe, lo que se encuentra en la estructura cognitiva de la persona que aprende, sus conocimientos **previos**.

El alumno reelabora, reinterpreta o mejora -progresiva construcción- de los esquemas de conocimiento disponibles. El docente por su parte, facilita las tareas de construcción del alumnado a partir de las intenciones educativas previstas.

Pero aprender significativamente es atribuir significado al material objeto de aprendizaje, dicha atribución sólo puede efectuarse a **partir de lo que ya se conoce**, generando una motivación, otorgándole **funcionalidad** mediante la actualización de los esquemas de conocimientos pertinentes para la situación que se trate. Por ejemplo, muchas de las situaciones de aprendizaje del juego deportivo, 2X2 y 3X3, se adecuan a estas circunstancias.

Estos esquemas no se limitan a asimilar la nueva información, sino que el aprendizaje significativo supone siempre su revisión, modificación y enriquecimiento estableciendo nuevas conexiones y relaciones entre ellos, con lo que se asegura la **funcionalidad** y **memorización comprensiva** de los contenidos aprendidos significativamente (Coll, 1989).

La **funcionalidad** busca que el aprendizaje no esté descontextualizado de la vida cotidiana del escolar, que sea adecuado a sus **intereses** y a lo que el escolar desea. Presupone la potencialidad del aprendizaje para solucionar problemas concretos en situaciones determinadas; además de ser factible la transferencia y utilidad de lo aprendido para acometer nuevas situaciones y lograr, así, nuevos aprendizajes. Por ejemplo, aprender juegos populares o deportivos para hacerlo en su tiempo libre y pasarlo bien con sus amigos. También existe significatividad cuando inculcamos a nuestras alumnas y alumnos la utilidad de las instalaciones del entorno para la continuidad de la práctica física en algún polideportivo.

No olvidemos que debemos tender a un tipo de enseñanza constructiva, significativa y funcional, conceptos muy **relacionados** entre ellos. O lo que es lo mismo, que el alumnado realice su aprendizaje basándose en otro previo, que le encuentre sentido y que le sea útil para su vida.

d) Modelo Estructuralista.

Los fundamentos del modelo estructuralista (Saussure, Kohler, Wertheimer, Koffka...) sirven para explicar, en una primera aproximación, las interrelaciones existentes entre los distintos factores internos que afectan a la ejecución de las habilidades técnicas. Cada uno de sus componentes, por el sólo hecho de pertenecer al conjunto de ellos, desarrolla ciertas interconexiones de tal manera que la modificación de uno solo transforma a los restantes. Se trata de descubrir y estudiar ese sistema relacional latente que ocasiona este tipo de comportamientos.

A nivel específico de la práctica deportiva, Seirul.lo (2001) es uno de los autores más importantes. Manifiesta que debemos construir preferentemente "**situaciones** de enseñanza/entrenamiento" que permitan altos niveles de **interacción** entre sus componentes. Por ejemplo, combinar las estructuras condicional (condición física), perceptiva, coordinativa, cognitiva, socio-afectiva, emotivo-volitiva y creativo-expresiva, así como su conexión con el medio. Todo ello está encajado de tal forma que sus componentes actúan **entre sí** y con el **medio,** por lo que el aprendizaje/entrenamiento se auto-organiza, se reequilibra, adquiriendo nuevas y diferentes cotas de autoestructuración. Hoy día, con la llamada "**preparación física integrada**", donde los jugadores practican la condición física y otros contenidos del entrenamiento a través de **situaciones globales de juego**, este modelo está de máxima actualidad. Por ejemplo, situaciones de juego globalizado de 4 X 4 en terreno reducido, donde la consigna es "pasarse el balón a un toque; tras dos botes; sólo con el pie izquierdo", etc.

e) Modelo Cooperativo.

Específicamente este punto está extractado de García y otros, (2001 y 2003), Sánchez Gómez y Pérez Samaniego (2002), Fernández Río (2003), Velázquez (2003, 2004 y 2010) Donaire y otros (2006), Baz (2006) y Contreras y García (2011).

El aprendizaje cooperativo, en resumen, es la práctica educativa en pequeños grupos heterogéneos, en los que el alumnado trabaja conjuntamente para aumentar su aprendizaje y el del resto del grupo (Velázquez, -coord.- 2010).

Es el término genérico usado para referirse a un modelo de enseñanza que parte de la división del alumnado del aula en grupos de tres a seis componentes, seleccionados intencionadamente y de forma heterogénea, donde trabajan conjuntamente de forma coordinada para resolver tareas propias del Área y profundizar en su propio aprendizaje. De este modo aprovechamos al máximo la interacción entre sus componentes, porque cada alumno se convierte en el **referente de aprendizaje** de sus compañeros y viceversa. Por ejemplo, en la creación de una coreografía sencilla, en resolver problemas motores, en establecer las reglas de un nuevo juego, en organizar una salida al medio natural, etc.

Se distingue por ser un enfoque interactivo de organización del trabajo en el aula, donde los alumnos aprenden unos de otros, así como de su maestra o maestro y del entorno. El rol del docente es el de un mediador en la generación del conocimiento y desarrollo de las habilidades sociales de alumnos y alumnas. No obstante, podemos encontrarnos con el "**efecto polizón**", es decir, un miembro del grupo menos capaz o desmotivado, deja que los demás completen sus tareas, por lo que debemos estar muy atentos para actuar según el caso (Velázquez, -coord.- 2010).

Los autores de referencia, Jonhson y Jonhson (1999), en Jiménez, Llobera y Llitjós (2006), lo han definido como "*aquella situación de aprendizaje en las que los objetivos de los participantes se hallan estrechamente vinculados, de tal manera, que cada uno de ellos sólo puede alcanzar sus objetivos si los demás consiguen alcanzar los suyos*".

Este enfoque promueve la interacción entre alumnos, entregados a un ambiente de trabajo en el que se confrontan sus distintos puntos de vista, generándose así conflictos sociocognitivos que deben ser resueltos por cada miembro asimilando perspectivas diferentes a la suya. También destacamos que este modelo lleva implícito la exigencia de exponer verbalmente los pensamientos (ideas, opiniones, movimientos, habilidades motrices, críticas, etc.), y mostrarlos a los demás potenciando el desarrollo de la capacidad de expresión verbal y corporal. Por todo ello es un modelo muy actual y ligado a la "metodología cooperativa" (Curto y otros, 2009).

Mientras esto ocurre, el docente no debe limitarse sólo a observar el trabajo de los distintos grupos, sino que debe supervisar de un modo activo el proceso de construcción y transformación del conocimiento en ellos, observando y cuidando las interacciones que se van dando entre los miembros de los distintos grupos. El rol del docente es, por lo tanto, de mediador y facilitador del desarrollo de las habilidades sociales de los alumnos y en la generación del conocimiento.

Por todo ello, los niveles de rendimiento escolar son los máximos para cada chica o chico y aprenden, además, a trabajar en equipo como un contenido más.

Además, **Internet** nos ofrece herramientas para trabajar de forma **cooperativa en red**. Algunas **plataformas** educativas muy actuales, son: Brainly; Docsity; Educanetwork; Edmodo; Eduredes; Eduskopia; Misdeberes.es; Otra Educación; RedAlumnos; The Capsuled; etc.

f) Modelo de Aprendizaje Social de Bandura.

Su autor más conocido es Bandura (1977). Hace hincapié en el rol que tiene la cognición y las condiciones ambientales sobre el aprendizaje. En resumen, indica que el aprendizaje ocurre al observar e imitar la conducta de los demás compañeros, interioriza el comportamiento que ve en el otro, es decir, aprendizaje en vicario y por interacción social. Por ejemplo, un alumno que tiene conocimientos previos sobre la protección del balón en Mini-Basket, lo muestra a los demás y éstos comprenden su estilo y lo imitan.

Existen **más modelos** de aprendizaje basados en el cognitivismo. Por ejemplo, el Aprendizaje por Descubrimiento (Bruner, 1963), Modelo de Aprendizaje por la Acción (Piaget, 1976); Modelo Ecológico, que cuestiona al procesamiento de la información (Doyle, 1977); Aprendizaje Mediado (Feuerstein, 1980), Modelo Experiencial (Graupera), etc.

3. EL PROCESO DE ENSEÑANZA Y APRENDIZAJE MOTOR.

Entendemos por **proceso**, al conjunto de fases continuas, en este caso de la enseñanza y aprendizaje motor; son una serie de situaciones que buscan una finalidad como es el aprendizaje de una habilidad, acción, etc.

Siguiendo a Gutiérrez (2004), en el proceso de aprendizaje motor hay que plantearse si es **continuo o discontinuo** y si podemos considerar **fases o no**. Los autores no se ponen de acuerdo y sólo se puede hablar de lo más generalizado pero no de una teoría admitida por todos. En este sentido destacamos a:

F. Primaria > F. Intermedia > F. Autónoma

Estas tres fases reciben otras acepciones según los autores que sigamos: Kohl (1956), Meinel (1971), Fetz (1977), Schnabel (1988), Rojas (2000), etc.

- **Fase Primaria o de Cognición**.

Se trata de **entender** la tarea, conocerla y comienza por la comprensión (primero pensar y después actuar). Quien aprende construye su mapa cognitivo, su programa de acción, cualquier error en la captación y comprensión de la tarea conllevaría desaciertos a la hora de configurarse esa imagen motriz, la representación del movimiento a practicar (Castejón, 2003).

La influencia del profesorado es grande, con correcciones y explicaciones. La duración de la fase viene dada por la complejidad del aprendizaje, el número de prácticas, las aptitudes perceptivas, etc. Por ejemplo, en el bote atender a la postura, cómo se mueve la muñeca, etc.

En cuanto a su **duración**, habría que matizar el modelo de aprendizaje seguido; por ejemplo, los basados en la cognición, el tiempo de esta fase sería más amplio, habida cuenta que el alumno tiene que descubrir cómo se hace el gesto. Por ejemplo, "vamos a botar el balón con una mano, moviendo la muñeca, "acariciándolo". El primerizo comienza a hacerlo y, lógicamente, no lo controla, no estructura el tiempo y espacio que consume el bote, tiene sincinesias, etc.

- **Fase Intermedia o Asociativa**.

Ya empieza a existir cierto **refinamiento** en los movimientos, los errores van minimizándose y se concretan en los puntos complejos de la habilidad, donde hay que fijarse más. Ahora es cuando debemos **eliminar** los defectos motores aparecidos antes que se automaticen. Por ejemplo, en el bote, adecuar la altura del mismo.

La **motivación** es fundamental para evitar la dejadez y el cansancio. Podemos recurrir a comentarios de ánimo y de reconocimiento a la labor. Podemos establecer una estrategia global o analítica con más o menos intensidad, pero todo depende del tipo de aprendizaje y alumnado. Siguiendo con el ejemplo anterior, el alumno ya bota mejor, tiene más control, pero aún va muy tenso, no "independiza" la mano y brazo del resto del cuerpo.

- **Fase Autónoma o Final**.

Ahora la habilidad se realiza de forma mecánica, con mayor estructuración de los elementos que la componen. Existe una gran fijeza en su realización y el practicante tiene una menor atención consciente, pues se **automatizan** los procesos de fusión de los componentes, incluso se practica la habilidad atendiendo a otras cosas. Ya nuestro alumno referente bota coordinadamente y, al mismo tiempo, mira a los demás, a la grada..., por lo que constituye una fase de aprendizaje más independiente, veloz y con menor gasto energético por ausencia de descoordinaciones.

Aunque se tenga muy dominada esta fase **nunca se deja de aprender**, unas reacciones más rápidas sustituyen poco a poco a otras más lentas aumentando el rendimiento (Ruiz y cols. 2001).

4. MECANISMOS Y FACTORES QUE INTERVIENEN.

Sánchez- Bañuelos (1992), distingue a:

a) **Mecanismos que intervienen en el aprendizaje motor**. Se refiere a las partes sucesivas que debemos considerar durante el mismo:

- **Mecanismo de Percepción**. Su misión es **recibir la información** que nos llega desde el exterior gracias a nuestros órganos sensoriales. Fundamentalmente utilizamos el canal visual y el auditivo, pero el kinestésico-táctil, por ejemplo la manipulación del codo en un lanzamiento, es esencial en nuestra área.

- **Mecanismo de Decisión**. Es una respuesta de carácter mental, porque ahora se trata de **elegir** una solución entre las varias posibles. Por ejemplo, pasar el balón a uno u otro compañero.

- **Mecanismo de Ejecución**. El actuante **organiza** la respuesta y **envía las órdenes musculares** oportunas, por lo que pone en marcha el "plan de acción".

- **Mecanismo de Control o Regulación**. Una vez que está realizando la tarea o, por su carácter breve, ya la ha hecho, toma **conciencia de sus errores** para, de nuevo, decidir, ejecutar y controlar otra vez. Por ejemplo, ante el fallo en el lanzamiento de un tiro libre, corregir la posición de los pies o de la muñeca.

b) **Factores que intervienen en el aprendizaje motor**. Son los elementos que condicionan a lograr un resultado. Los agrupamos en **tres apartados** si bien hay mucha interdependencia entre unos y otros:

- **Factores que dependen de la habilidad a aprender**. No es lo mismo practicar una tarea compleja, por ejemplo un salto mortal, que otra más simple, como una voltereta.
    - **En relación a la transferencia entre las habilidades a aprender**. Debemos considerar la transferencia positiva entre ellas, que lo aprendido con anterioridad sea la base de la posterior. Por ejemplo, dominar la voltereta adelante antes de hacerla con salto previo.

- **Factores que dependen de la metodología utilizada para el aprendizaje**. Nos referimos al estilo de enseñanza, técnica, estrategia, etc. que usemos. Hay unos elementos metodológicos que hacen más rápido el aprendizaje, pero menos rico. Por ejemplo, una metodología directiva hace que una habilidad se domine antes, en cambio el proceso es muy pobre y aburrido.

- **Factores que dependen de las características del alumnado.** Si bien la enseñanza la impartimos en grupo, el aprendizaje siempre es individual. De ahí que señalemos a la maduración, crecimiento, sexo, cualidades innatas, condición física, aprendizajes previos, inteligencia, estado del sistema nervioso -muy relacionado con la capacidad de atención-, contexto socio-cultural o influencia medio ambiental, disposición a aprender y motivación.

CONCLUSIONES

En la conducta humana casi todo es aprendido. En este Tema hemos estudiado el aspecto motor, si bien éste no hay que entenderlo aislado sino ligado a otros de tipo cognitivo, social, etc.

El conductismo opta por un aprendizaje mecanicista olvidándose del papel activo y transformador del escolar. Apoya la descomposición de las tareas en otras más elementales, con unos aprendizajes que van de asociaciones más simples a otras más complejas.

El cognitivismo, en cambio, subraya que el alumno debe tomar parte activa en la construcción del conocimiento, con un aprendizaje desde dentro hacia fuera, más globalizado, en un proceso más cualitativo que cuantitativo. Sus principales mecanismos son los procesos de organización y de integración de los nuevos conocimientos en los previos que posee el sujeto.

También hemos visto los diferentes modelos de aprendizaje motor, donde ha quedado claro que los que tienen implicación cognitiva están más acorde con las actuales corrientes educativas más progresistas.

En el proceso de enseñanza-aprendizaje motor hemos observado las tres fases, destacando la primaria porque es donde más significativamente el alumnado ejercita sus aspectos cognitivos.

Por último, hemos contemplado los mecanismos y factores que influyen y que la no observación de alguno incide negativamente en el proceso.

BIBLIOGRAFÍA
- AUSUBEL, D. P. (1976). 1ª Ed. *Psicología educativa. Un punto de vista cognoscitivo*. Trillas. México.
- AUSUBEL, D.; NOVAK, J. y HANESIAN, H. (1983). 2ª Ed. *Psicología Educativa*. Trillas. México.
- BALLESTEROS, S. (1996). *Procesos psicológicos básicos*. Universitas S. A. Madrid.
- BATALLA, A. (2005). *Retroalimentación y aprendizaje motor: influencia de las acciones realizadas de forma previa a la recepción del conocimiento de los resultados en el aprendizaje y la retención de habilidades motrices*. Tesis doctoral. U. de Barcelona.
- BAZ, C. (2006). *El aprendizaje cooperativo*. Revista Andalucía Educativa. Nº 57, pp. 27-30. C. E. de la Junta de Andalucía. Sevilla.
- CAÑIZARES, J. Mª y CARBONERO, C. (2009). *Currículum de Educación Física en Primaria. Aclaraciones terminológicas*. Wanceulen. Sevilla.
- CASTEJÓN, F. -coor.- (2003). *Iniciación deportiva. La enseñanza y el aprendizaje comprensivo en el deporte*. Wanceulen. Sevilla.
- CONTRERAS, O. R. y GARCÍA, L. M. (2011). *Didáctica de la Educación Física. Enseñanza de los contenidos desde el constructivismo*. Síntesis. Madrid.

- COLL, C. (1989). *Conocimiento psicológico y práctica educativa.* Barcanova. Barcelona.
- CURTO, C. y otros. (2009). *Experiencias con éxito de aprendizaje cooperativo en Educación Física.* INDE. Barcelona.
- DÍAZ, J. (2005). *La evaluación formativa como instrumento de aprendizaje en Educación Física.* INDE. Barcelona.
- DONAIRE, I. Mª (2006). *Aprendizaje cooperativo en el aula.* Revista Andalucía educativa. C. E. C. J. de Andalucía. Nº 55, pp. 43-45. Sevilla.
- FERNÁNDEZ GARCÍA, E. -coord.- (2002). *Didáctica de la Educación Física en la Educación Primaria.* Síntesis. Madrid.
- FERNÁNDEZ RÍO, J. (2003). *El aprendizaje cooperativo en el aula de Educación Física. Análisis comparativo con otros sistemas de enseñanza y aprendizaje.* Cederrón, La Peonza Publicaciones. Valladolid.
- GALERA, A. D. (2001). *Manual de didáctica de la educación física. Una perspectiva constructivista moderada.* Vol. I y II. Paidós. Barcelona.
- GALLARDO, P. y CAMACHO, J. M. (2008). *Teorías del aprendizaje y práctica docente.* Wanceulen Educación. Sevilla.
- GARCÍA, R.; TRAVER, J. A. y CANDELA, I. (2001). *Aprendizaje cooperativo. Fundamentos, características y técnicas.* CCS-ICCE. Madrid.
- GARCÍA, R.; TRAVER, J. A. y CANDELA, I. (2003). *El aprendizaje cooperativo en Educación Física.* En Actas del III Congreso Estatal y I Iberoamericano de actividades físicas cooperativas. La Peonza Publicaciones. Valladolid.
- GIL, P. A. (2007). *Metodología didáctica de las actividades físicas y deportivas.* Wanceulen. Sevilla.
- GUILLÉN, E. I.; CARRIÓ, J. C. y FERNÁNDEZ, M. A. (2002). *Sistema nervioso y actividad física.* En GUILLÉN, M. y LINARES, D. (coords.). *Bases biológicas y fisiológicas del movimiento humano.* Médica Panamericana. Madrid.
- GUTIÉRREZ, M. (2004). *Aprendizaje y desarrollo motor.* Fondo Editorial Fundación San Pablo Andalucía (CEU). Sevilla.
- JIMÉNEZ, G.; LLOBERA, R. y LLITJÓS, A. (2006). *La atención a la diversidad en las prácticas de laboratorio de química: los niveles de abertura.* Enseñanza de las Ciencias, 24 (1), pp.59-70. Universidad de Barcelona.
- JONHSON, D.W. y JOHNSON, R.T. (1999). *Aprender juntos y solos. Aprendizaje cooperativo, competitivo e individualista.* Aique. Buenos Aires.
- JUNTA DE ANDALUCÍA (2007). Ley 17/2007, de 10 de diciembre, de Educación de Andalucía (L. E. A.). B. O. J. A. nº 252, de 26/12/07.
- JUNTA DE ANDALUCÍA (2015). *Orden de 17 de marzo de 2015, por la que se desarrolla el currículo correspondiente a la educación Primaria en Andalucía.* BOJA nº 60 de 27/03/2015.
- JUNTA DE ANDALUCÍA (2015). *Decreto 97/2015, de 3 de marzo, por el que se establece la ordenación y el currículo de la educación Primaria en la comunidad Autónoma de Andalucía.* BOJA nº 50 de 13/03/2015.
- JUNTA DE ANDALUCÍA (2010). *Decreto 328/2010, de 13 de julio, por el que se aprueba el Reglamento Orgánico de las escuelas infantiles de segundo grado, de los colegios de educación primaria, de los colegios de educación infantil y primaria, y de los centros públicos específicos de educación especial.* BOJA nº 139, de 16/07/2010.
- KEELE, S. (1982). *Learning and control of coordinated motor patterns.* En *Human motor behaviour. An introduction Psychology.* London.
- LAWTHER, J. (1983). *Aprendizaje de las habilidades motrices.* Paidós. Barcelona.
- MAGILL, R.A. (1988). *Motor Learning: concepts and applications.* Dubuque. Iowa, U.S.A.
- M.E.C. (2013). *Ley Orgánica 8/2013, de 9 de diciembre, para la mejora de la calidad educativa.* BOE Nº 295, de 10/12/2013.

- M.E.C. (2014). *R. D. 126/2014, de 28 de febrero, por el que se establece el currículo básico de la Educación Primaria*. B.O.E. nº 52, de 01/03/2014.
- M. E. C. (2006). *Ley Orgánica 2/2006, de 3 de mayo, de Educación (L. O. E.)*. B. O. E. nº 106, de 04/05/2006, **modificada** en algunos artículos por la LOMCE/2013.
- M.E.C. (2015). *Orden ECD/65/2015, de 21 de enero, por la que se describen las relaciones entre las competencias, los contenidos y los criterios de evaluación de la educación primaria, la educación secundaria obligatoria y el bachillerato*. B.O.E. nº 25, de 29/01/2015.
- MONTERO, A. (1997). *Educación Secundaria. Apuntes para una nueva etapa educativa*. C.E.C.J.A.-C.E.P. Sevilla.
- NAVARRO, V. (2007). *Tendencias actuales de la Educación Física en España. Razones para un cambio*. (1ª y 2ª parte). Revista electrónica INDEREF. Editorial INDE. Barcelona. http://www.inderef.com
- OÑA, A. -coor.-. (1999). *Control y aprendizaje motor*. Síntesis. Madrid.
- OÑA, A. (2005). *Actividad física y desarrollo: ejercicio físico desde el nacimiento*. Wanceulen. Sevilla.
- PAREDES, J. (2003). *Juego, luego existo*. Wanceulen. Sevilla.
- PARLEBAS, P. (2002). *Juegos, Deporte y Sociedad: Léxico de Praxiología Motriz*. Paidotribo. Barcelona.
- PIAGET, J. (1976). *Problemas de psicología genética*. Ariel. Barcelona.
- RIERA, J. (1989). *Fundamentos del aprendizaje de la técnica y táctica deportivas*. INDE. Barcelona.
- RIERA, J. (2005). *Habilidades en el deporte*. INDE. Barcelona.
- RIGAL, R. (2006). *Educación motriz y educación psicomotriz en Preescolar y Primaria*. INDE. Barcelona.
- RIVADENEYRA M. L. -coor- (2003). *Desarrollo de la motricidad*. Wanceulen. Sevilla.
- RIVADENEYRA, M. L. y SICILIA, A. (2004). *La percepción espacio-tiempo y la iniciación a los deportes de equipo en Primaria*. INDE. Barcelona.
- ROJAS, F. J. (2000). *Aprendizaje y desarrollo motor en la Educación Primaria*. En ORTIZ, M. M. (coord.) *Comunicación y lenguaje corporal*. Proyecto Sur de Ediciones, S. L. Granada.
- RUIZ PÉREZ, L. M. (1994). *Deporte y aprendizaje*. Visor. Madrid.
- RUIZ PÉREZ, L. M.; GUTIÉRREZ, M.; GRAUPERA, J. L.; LINAZA, J. L.; NAVARRO, F. (2001). *Desarrollo, comportamiento motor y deporte*. Síntesis. Barcelona.
- SÁENZ-LÓPEZ BUÑUEL, P. (2002). *Educación Física y su Didáctica*. Wanceulen. Sevilla.
- SAGE, G. H. (1984). *Motor learning and control*. W. C. Brown Publisher. Dubuque, Iowa, U.S.A.
- SÁNCHEZ GÓMEZ, R. y PÉREZ SAMANIEGO, V. (2002). *El aprendizaje a través de los juegos cooperativos*. En MORENO, J. A. *El aprendizaje a través del juego*. Aljibe. Málaga.
- SÁNCHEZ-BAÑUELOS, F. (1992). *Bases para una Didáctica de la Educación Física y los Deportes*. Gymnos. Madrid.
- SEIRUL.LO, F. (2001). *Apuntes del curso de preparación física integrada*. I.A.D. Málaga.
- SIMONET, P. (1985). *Aprentissage moteur. Processuset procédés d'acquisition*. Vigot. Paris.
- SINGER, R. N. (1986). *El aprendizaje de las acciones motrices en el deporte*. Hispanoeuropea. Barcelona.
- SKINNER, B. F. (1960). *The use of teaching machines in collage instruction*. En LUMSDAINE, A. A. y GLASER, R. Teaching machines and programmed

learning. Department of Audio-Visual Instruction. National Education Association. Washington. U. S. A.
- SKINNER, B. F. (1982). *Tecnología de la enseñanza*. Labor. Barcelona.
- TAMARIT, A. (2016). *Desarrollo cognitivo y motor*. Síntesis. Madrid.
- VELÁZQUEZ, C. (2003). *El aprendizaje cooperativo en Educación Física*. En Actas del III Congreso Estatal y I Iberoamericano de actividades físicas cooperativas. La Peonza Publicaciones. Valladolid.
- VELÁZQUEZ, C. (2004). *Las actividades físicas cooperativas*. Secretaría de Educación Pública. México.
- VELÁZQUEZ, C. -coord.- (2010). *Aprendizaje cooperativo en Educación Física*. INDE. Barcelona.
- ZAGALAZ, Mª L.; CACHÓN, J.; LARA, A. (2014). *Fundamentos de la programación de Educación Física en Primaria.* Síntesis. Madrid.

WEBGRAFÍA (Consulta en octubre de 2015).
http://recursos.cnice.mec.es/edfisica/
http://www.agrega2.es
http://www.adideandalucia.es
http://www.ite.educacion.es/es/recursos
www.juntadeandalucia.es/educacion/descargasrecursos/curriculo-primaria/index.html

www.ingramcontent.com/pod-product-compliance
Lightning Source LLC
Chambersburg PA
CBHW08092418O426
43192CB00040B/2698